STERY

LUNA SEA

驚異！世界史

神祕職業。

李妍——著
闇黑歷史研究會——編

目錄 CONTENTS

Chapter 1 只和屍體打交道

Chapter 2 就是跟你賭命！

Chapter 3 戴著面具過人生

Chapter 4

使鬼差神與世界萬物共軌

Chapter 5

工作在虛實迷藏間

前言

職業，是人類付出勞動力獲取報酬以維繫生活的一種方式。在我們的生活當中，有著各式各樣的職業，醫生、律師、司機、清潔工等，可說是種類繁多，不盡相同。

正所謂「三百六十行，行行出狀元」，在世界的不同角落中，還有很多鮮為人知的職業，他們或者是專門與屍體為伍的趕屍人，從屍體上「發掘」真相的法醫，又或者是指點陰陽的風水師……

無論是與屍體作伴，還是與鬼神為伍，這些職業的共通點就是——讓人不寒而慄。

在日本風靡了整整一個時代的陰陽師，這種職業的形成和繁盛，完全見證著一個國家特定時期的歷史真相，天皇從陰陽師身上獲取精神上的寧靜，向陰陽師求教社稷藍圖該如何繪製。而百姓也不甘於人後，從陰陽師身上得到生活問題的各種答案，取得解決困難的「辦法」。

另一種讓人又愛又恨的神祕職業——巫師，西方神祕文化中，巫師這種職業一直占據頭等席位，殊不知，巫師其實早在中國遠古時期就已相當盛行，甚至可說是「大行其道」。早在舜帝統治時期，巫師便已進行為部族求雨、施雨、施展各種變術從鹵土中取鹽的各項工作。

又如以墓地為居的守墓人。守墓人給人的感覺都是「陰陽怪氣」，在中國人的觀念中，墓地是亡靈的聚集地，而守墓人由於長期獨自生活在墓地中，加上守墓人多是孤寡者，終日穿著黑衫黑褲，長期吸收墓地的朝暮餘夕，因而總是給人陰氣瀰漫的感覺。

從蒲松齡的《聊齋》到現代眾多文學作品的筆墨中，我們都可以看到關於守墓人的各種恐怖描寫。其實，守墓人的詭祕很多是源自於他們本身的信仰。因為守墓人幾乎都是有神論者，他們必須與鬼神為伴，他們相信死者亡靈的存在，並聲稱對於亡靈的周邊活動瞭若指掌，在他們的眼中，小至墓地周遭的螞蟻搬家，青蛇現身，大至樹木倒塌，墓碑出現裂紋，都是亡靈「有話要說」的表現。因此，委託守墓人的家族就會根據守墓人的口述，迅速對墓地做出修葺，或者對亡靈進行法事超度。可以說，守墓人的角色是雙重神祕的，一方面他們需要與亡靈作伴，為亡靈服務；另一方面他們還充當了亡靈與生者的溝通橋梁，讓亡靈的家眷能多分心安。讓生者透過墓地去懷念死者，表達哀思和忠孝，是中華民族「生養死葬」、「落地歸根」文化的重要體現。

可見，形形色色的神祕職業，雖然有的恐怖異常，有的高深莫測，有的光怪陸離，但是每一種神祕職業的出現、形成和發展、衰亡都有著必然的特定條件，折射出人類社會固定時期下的意識形態。因此，我們試圖揭開這些神祕職業的層層面紗，從這些職業的存在，看到人類神祕文化的多層次淵源。

Chapter 1

只和屍體打交道

趕屍人——讓屍體翻山越嶺

◎「湘西趕屍」是傳說？還是實錄？

天色泛起微黃晨光，遠處傳來陣陣鈴聲，伴隨著有節奏的敲鑼聲響。沒多久，聲響愈發靠近，一名身穿青色道袍的法師領著幾個頭戴高氈帽的「人」走向了客棧。

店小二聽見鈴聲便走出客棧，將設置在店外一間小屋的門打開，沒等法師進門，店小二就趕緊迴避。

法師一進入暗不見光的小屋裡，便將身後的「人」一字排開，搖了幾下手中的搖鈴，口中喃喃幾句，然後將「人」臉上的黃符撕掉，令人驚奇的是，他們馬上停止了跳動。

法師在安頓好這批「奇怪的人」之後，脫下道袍，進到客棧裡休息。進店後，法師第一件事就是跟客棧老闆打聲招呼，喊聲「喜神打店」。老闆點點頭，很有默契地招呼法師入內投宿。在這個過程中，如果遇見有早起的客人，法師會略微低下頭，眼睛垂視地上，避免與對方打上照面。因為，這名法師不是別人，正是傳說中特別詭祕的趕屍人。而他所領的，顧名思義，自然也不是人，是「屍體」。

趕屍人投店的第一句話「喜神打店」，是句暗語，意思是告訴老闆，趕屍人來了，屍體們來投宿。因為白天趕屍，屍體會和活人相沖，所以趕屍人必須趕在天亮之前帶著屍體下榻客棧。

投店之後，這些屍體會被整齊地聚集在客棧專門準備的房間裡，而趕屍人則如常人一般入店休息。到了入黑之時，趕屍人會在屍體臉部重新貼上黃符，再次敲鑼搖鈴，讓屍體動起來。

趕屍人就這樣晝伏夜行，將屍體從一個地方步行帶回他的家鄉下葬。

對於湘西的趕屍工作，很多人都無法具體說出實況，大多數人對此的認識都是道聽塗說而來，然後再發揮自己的想像力。但是據考證，趕屍習俗在湘西沅陵、瀘溪、辰奚、敘浦一帶確實存在過。趕屍選在入夜時段，從中國玄學[1]上講，主要是為了避免屍體的陰氣

1 對《老子》、《莊子》和《周易》的研究和解說，產生於魏晉，是魏晉時期的主要哲學思潮，也是道家和儒家融合而出現的一種哲學、文化思潮。

和活人的陽氣相沖，而讓活人不適。除此之外，也有很多民族風俗及忌諱的雙重作用。不過，敢在大半夜外出觀看死人走路的活人，我想也不多。

正因為如此，真正親眼目睹的人不多，多是口耳相傳，導致湘西趕屍這種職業，披上了一層神祕面紗。

在封建社會年代，人們的思想比較閉塞和迷信，趕屍因此顯得尤為神祕。趕屍人在當時也算是一種職業，他們一般會身穿道袍，無論屍體有多少，都只能由他一人趕。而

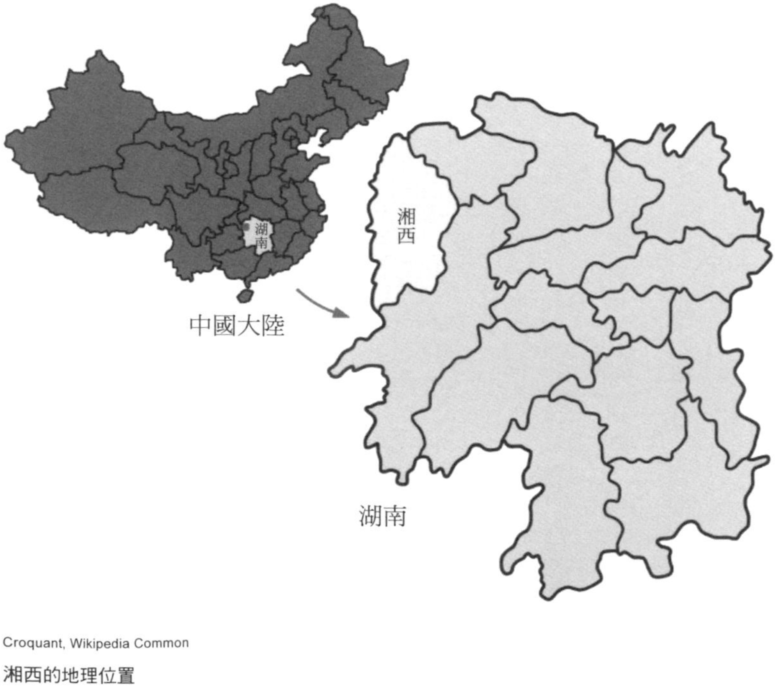

© Croquant, Wikipedia Common

▲ 湘西的地理位置

且，按照實際情況來講，與其說是趕屍人，說是「領」屍人可能更為適切。因為趕屍人並不是站在屍體後面趕著屍體行動，而是在屍體前面帶路，一邊走一邊敲鑼搖鈴，警醒夜行的生人迴避，請沿路居民將家裡的狗關好或是拴好。

另一方面，敲鑼搖鈴也是在為屍體指引，讓屍體能循聲順利回到自己的家。如果屍體只有一具，那麼就直接跟在趕屍人的後面，但如果屍體比較多時，趕屍人就會用草繩將屍體串聯起來，每隔六、七尺一具，一般是用草繩牽著它們的身體，或者用一根足夠長的竹篙，穿過各具屍體的壽衣袖子，讓它們的手撐直、並排前行，以免走丟。而且屍體都會戴上高筒氈帽[2]，額頭貼上幾張畫著符的黃紙，低頭垂臉，盡量避免讓活人看到屍體的臉。

到了二十世紀五〇年代以後，不少學者開始研究為什麼會有「趕屍」這種職業的出現，而這種職業為什麼又以湘西地區別具盛名。後來，學者們研究得知，主要是因為湘西沅江上游一帶，地理位置不佳，地方貧瘠，那裡的老百姓因為貧窮，所以很多人都到川東或黔東地區一帶，做小販、採藥或狩獵謀生，而這些地方崇山峻嶺，瘴氣[3]甚濃，瘧疾流

2 用獸毛或化學纖維製成的一種帽子。
3 指南部、西南部地區山林間溼熱蒸發能致病之氣。

行，生活環境壞到極點，除土生土長的苗族人之外，外人進入很容易生病甚至死亡。換句話說，湘西百姓到川東或黔東地區謀生的人，死亡率特別高。

在當時，如果富人死在異鄉，可以雇傭馬車或者馬夫將屍體搬運回故鄉，但是死在那些地方的湘西人，幾乎都是窮苦人家。他們雇不起馬車，又想讓親人的屍體回家下葬，久而久之，趕屍人的行業也就應運而生。趕屍比雇傭馬車運屍要便宜，還能將屍體運回故鄉下葬，因此湘西趕屍人這種職業便開始在湘西地區暗中滋長。

◎奇特的「湘西趕屍人」

諸多因素讓湘西趕屍人變得神祕而詭異。那麼，什麼樣的人才夠資格加入這種神祕職業，當趕屍人呢？事實上，要當個趕屍人還真不簡單。

在湘西趕屍人的內行術語中，流行著一句話：「過三關才可當徒弟。」意思是，想要當趕屍人的徒弟，必須先過三關。

趕屍人在湘西當地，又叫「趕屍匠」或「老司」[4]。在湘西，很久以前就已經有趕屍這一行業。當地人都知道，要想進入這個行業，年輕人首先必須具備兩個條件：一個是膽子大，第二個是身體好。這些想學趕屍的年輕人，還必須拜師，因為趕屍人從來都不亂收徒弟，年輕人們必須先取得家長所立字據，並由家長陪同前來向趕屍人道明意願，通過面試，才能拜師成功。一般而言，基本條件是年滿十六歲，男孩，身高一百七十公分以上。還有一個非常另類的條件，就是這個男孩的相貌要長得醜一點。

只要符合這些條件，徒弟候選人就算是過了成為趕屍徒弟的第一關。

接下來，趕屍人會讓應試者抬頭看著當空的太陽，看幾秒鐘之後，要求徒弟候選人旋轉，接著趕屍人會突然間用手把徒弟候選人的身體停下，目的是要測試徒弟候選人在突發狀況下，也能立即分辨出東西南北，如果無法精確分辨出方向，這個徒弟候選人就會被淘汰。因為趕屍人都是晝伏夜出，在黑暗的環境下，對於東西南北的敏銳視覺是非常重要的，如果徒弟候選人旋轉後分不出東南西北，也就意味著他在夜晚趕屍會分不出方向，將會無法勝任趕屍工作。

接著，進入第二關，趕屍人會讓徒弟候選人找東西、挑擔子。主要是因為屍體畢竟不是活人，是一個死物，在平整的地面，它們能跳動，但是萬一遇上較陡的高坡時，屍體自

4 對神職者的尊稱，多見於中國南方，是南方族群對巫師的代稱。

已跳不上去，趕屍人就得將屍體一具具地往高坡上背和扛。所以，對於死物所需的負擔力量是非常重要的，如果力氣不足，扛不住屍體，就容易給師父造成麻煩。

最後一項測試，是趕屍人將一片桐樹葉放在深山的墳墓上，讓徒弟候選人在黑夜裡一個人去將這片桐樹葉取回來。主要是測試徒弟候選人的膽量，因為獨自一人深入深山叢林，已經是讓年輕人挺害怕的一件事了，還得大半夜去找不同的墳墓，如此更能進一步測試徒弟候選人的膽量，也才能說明這個徒弟候選人有勝任趕屍人的心理素質。

以上三關測試都順利通過了，他們才可能當趕屍人徒弟。

趕屍本身就是一個神祕而複雜、程序繁多的工種，因此徒弟們在測試錄取之後，還必須邊做邊學，學會「三十六種功」，之後才能真正地去趕屍。

「三十六種功」，只是一個行業術語，實際上要學的功夫，不止三十六種之多，但是最基本的有三種。首先，第一種功是死屍的「站立功」，也就是要透過自己的口令和施法，讓死屍能站起來。第二種功是「行走功」，顧名思義，就是要讓屍體停走自如，你叫屍體走，它就走，你讓屍體停，它就停。最後，第三種功是「轉彎功」，就是要學會讓屍體走路的時候能轉彎。

此外，還有「啞狗功」、「下坡功」、「過橋功」等眾多在趕屍過程中，時常要用到的一些小技巧。所謂的「啞狗功」就是可以讓沿途的狗看見屍體而不叫。因為，死屍怕狗叫，狗一叫，死屍會驚倒，特別是狗來咬時，死屍沒有反抗能力，就會被咬得體無完膚。當然，後來有人研究過，屍體和狗的關係，主要不是狗叫會驚醒屍體，而是屍體的腐屍味會吸引狗前來撕咬。一旦如此，屍體就會被狗咬傷，趕屍人就沒辦法將屍體這件「商品」完好無損地送回他的家人那裡。因此，「啞狗功」是趕屍人必備的一種謀生本領，否則徒步行走那麼長的趕屍路，沿途吸引了狗、狼等肉食性動物，導致屍體受到損傷，趕屍人就會血本無歸。

© Wikipedia Common

▲ 現今的鳳凰古城旅遊活動中也有安排趕屍節目

最後一種功是「還魂功」，據湘西趕屍人的後人說，趕屍人的還魂功愈好，死屍的魂還得愈多，趕屍的過程就會愈輕鬆自如。這種「還魂功」，其實是用一種湘西特產的草藥撒在屍體上，這種還魂散是趕屍人自己調製的。當然，調製的功力如何，就決定了整個還魂的程度如何，所以這也是趕屍人必須學好的基礎手藝。

◎趕屍上路的神奇手法

很多人會認為，若非已到窮途末路，不然誰願意去當個陰暗的趕屍人呢。事實上，這個觀念大錯特錯。湘西趕屍人，自古以來，雖然是一種陰暗面很強的行業，但是他們卻有自己的原則。首先，他們必須抱著讓屍體回鄉下葬、免除死者客死他鄉的高尚情操，對待屍體及其家人絕不含糊。其次，在趕屍的行業內部，有一個不能逾越的原則，就是「三趕、三不趕」的規矩。

先從三不趕說起。趕屍人有三類屍體是不會趕的，無論家人給的報酬多高，他們都不接單。這三類人是：病死者、投河吊頸自殺者、雷打火燒肢體不全者。

趕屍人對此有一套說法。他們認為，病死者屍體，它的魂魄已經被閻王鉤走，趕屍人的法術無法把它們的魂魄從鬼門關那裡喚回來，也就是達不到還魂的效果，這樣無法趕屍。

而投河吊頸自殺者的魂魄是「被抓交替」的纏去了，它們有可能正在交接。這是一種玄學說法，也就是新舊靈魂會幾乎同時存在於這具屍體中，如果趕屍人把新魂魄招來了，舊的亡魂無以替代，就會影響舊靈魂的投生，因此也不能趕。

而被雷電火燒而死者，主要是因為屍體不全，所以同樣無法透過趕屍的方式讓它回鄉。

所謂「三趕」，就是指被砍頭而死的罪犯，以及受絞刑、站籠[5]而死者。因為它們

© Wikipedia Common

▲ 站籠，一種木製刑具，它的特殊設計會讓犯人因直立過度疲倦而亡

5 一種酷刑，盛行於清代。

都是被迫而死，死不服氣，魂魄還會久久停留在軀體中。而且，它們的魂魄會思念家鄉，惦念親人，因此趕屍人可以比較容易地用法術將其魂魄鉤來，以符咒鎮於各自屍體之內，再用法術驅趕它們徒步回家鄉。

正如前文所說，趕屍人在趕屍的過程中還必須施用特殊手法。通常，負擔得起費用的家庭，會請人將客死他鄉的親人屍體運回家鄉，但是一具屍首需要請四人抬運，花費比較大，若是趕屍返鄉費用就相對減少很多。而且，趕屍還有一個好處，就是可以延緩屍體腐爛，而被運回的屍體很可能一天左右就會開始腐爛，發出臭味。

這中間的祕訣，就在於趕屍人的手法。例如，在外地被砍頭的死囚，趕屍人就會穿上紅衣，在現場作法事念咒語，徒弟會幫忙將被斬的死囚的身體和頭縫合在一起，再由一名穿青衣的趕屍人將一顆辰砂[6]或者朱砂，放置於死者的腦門心、背膛心、胸膛心窩、左右手掌心、腳掌心等七處，每處以一道神符壓住，再用五色布條綁緊。按照趕屍人的說法，這七處是七竅出入之所，以辰砂神符封住是為了留住死者的七魄[7]。

之後，趕屍人還會將一些朱砂塞入死者的耳、鼻、口中，再以神符堵緊。相傳，耳、鼻、口乃三魂[8]出入之所，這樣做可將其留在死者體內。而後，趕屍人會將還魂散撒到屍體上，對屍體施行還魂功。這些獨特的還魂草藥，就是屍體「保鮮」、不會腐爛的關鍵之一。最後，趕屍人會在死者頸項上敷滿辰砂並貼上神符，用五色布條紮緊，再為死者戴上粽葉斗笠，如此萬事俱備，就可以趕屍上路了。

有歷史記載，趕屍行業並不是一開始就用朱砂的方式來趕屍，在很久以前，趕屍的祖師有一套專門技法。但是自從苗族的七宗七族自大江大湖遷到濮地的崇山峻嶺之後，趕屍人祖輩留下來的「五里大霧」趕屍法術就失傳了。為此，他們必須創立一種新的法術，以持續趕屍的行業。於是，透過諸多實驗，他們創造了

© Wikipedia Common

▲朱砂，一種硫化物，含有對人體有害的物質

6 硫化汞（化學品名稱：HgS）的天然礦石，大紅色，有金剛光澤至金屬光澤，屬三方晶。

7 人的精神靈氣稱為魂魄，其魄有七，一魄天沖，二魄靈慧，三魄為氣，四魄為力，五魄中樞，六魄為精，七魄為英。

8 一為天魂，二為地魂，三為命魂。

後來比較通用的煉朱砂技法。以致後來，趕屍人除必須用到祖傳的「神符」外，也絕對少不了朱砂。按照趕屍內行的說法，趕屍所用的朱砂以辰州出產為最佳，因此行內也叫這種朱砂為辰砂。而趕屍術，原稱為「辰州辰砂神符法術」，後來因為口耳相傳，法術名字也太長了，於是便簡稱為「辰州符」。

◎神祕莫測的「趕屍走路」

湘西趕屍之所以讓人感到神祕莫測，主要是因為「死人為什麼會動」這一點，而這也是後世對於湘西趕屍行業是否真實存在，有各種爭議的議論點。

「死人為什麼會動」，從科學層面來講，這是一大疑團。雖然中國玄學在鬼神之說上有諸多傳說，但是湘西趕屍做為一種地方民俗，而且是很大可能確實存在過的行業，它的運作和可操作性確實值得後人深入研究探索。

我們都知道，人自然死亡後，屍體會在三十分鐘至兩個小時內逐漸僵硬，在人類生命學上，這稱為「屍僵狀態」，並會在九至十二個小時內完全僵硬。這種狀態再經過約三十個小時後，屍體的肌肉會逐漸恢復到一定的柔軟度，在七十個小時後便會恢復正常。

不過，這是從屍體的整體情況來講。事實上，在屍體肌肉發硬的過程中，身體一些比較大的關節，比如髖關節，它們在外力作用之下，還是可以有小幅度的活動，大約二十度，這就是湘西趕屍「死人也能走動」的祕訣，也就是死人行走的物理條件之一。

趕屍人就是利用這樣的屍體物理條件，把兩具屍體，前後一字排開，將屍體的前臂伸直，和地面平行，然後用一根又長又細的竹竿順著屍體的手臂穿過去，再將屍體的手臂用繩索固定起來，這樣兩具屍體就連成了一個相對立體的架子，不會輕易翻倒。而後，趕屍人會拿一根繩子連在第一具屍體上，然後在另一頭用手輕微用力一拉，屍體在外力作用下，就會隨著繩子的拖力動起來，就像木偶戲當中的木偶一樣，趕屍人只要根據屍體的物理活動條件，適當的拖動，屍體就會隨著趕屍人「走起來」。

而湘西一帶之所以特別流行趕屍，其實與這個原理有莫大關係。湘西這片區域的地勢多半是向下傾斜，也就是說，趕屍的必經之路以向下的斜坡居多，這樣勢能轉化為動能，屍體架子就能走得輕巧些。而且，趕屍的路徑，都是趕屍人精心挑選過的，他們會盡量選擇上坡路段少，而下坡路段多，以平地為主的路線。這也是趕屍人收徒弟時，為什麼要考驗他們搬運東西的力氣的原因，趕屍人在平地和下坡路，還能拖得動屍體，一旦真要是有了拖不過的上坡路，就得將一具具屍體背上去，這是趕屍的最大奧妙之處。

但是，這個推論雖然表面成立，也遭受了不少抨擊。不少專家認為，哪怕是屍體的關節部位可以挪動，但是趕屍人在路線選擇上也不可能總是走平路，還要避開活人和牲畜比較多的地方，一般多從山林穿行。在這樣的前提之下，單純依靠屍體關節的活動機能，以及竹竿的牽引原理，是不足以支撐屍體走完整個「回鄉路」的。

就在大家爭論不已之際，一名自稱是湘西趕屍人後代的黃先生出現了。

二〇〇九年九月十日，這名自稱是趕屍人後代的黃先生，在一眾媒體的見證下，演示了他所認為的趕屍人祖先趕屍的操作原理。

他將一只礦泉水瓶、兩塊環形磁鐵和一卷塑膠膠帶放在桌子上，然後將一塊環形的磁鐵黏在礦泉水瓶上，之後用另一塊負極的磁鐵靠近礦泉水瓶上的磁鐵，由於同性相斥的原理，礦泉水瓶在瓶身磁鐵的斥力下立了起來，黃先生再用負極磁鐵靠近礦泉水瓶，在同樣原理下，礦泉水瓶出現了平移挪動。

黃先生說，這個趕礦泉水瓶的原理，是他根據父輩們傳下來的細節自己推理的，希望能為「趕屍」做出一個科學解釋——其實運用的，就是磁鐵同極相斥的原理。

但是，黃先生的推理，很快便遭到了歷史學家和科學家的抨擊，一來是因為屍體和礦泉水瓶重量上相差太遠了，利用磁力驅使屍體走動，這個磁力要非同一般才行。而且，在當時的社會，磁鐵是尚未普及的高科技金屬，歷史學家們認為趕屍人並不具備這樣「高級」的趕屍工具。二來，更重要的原因是，趕屍要經過的路程一般比較長而且崎嶇，用磁鐵原理來驅使屍體運動，在實際操作上會受到地理條件限制，可說是行不通的。

後來，兩名軍人機緣巧合地遇上了趕屍人在趕屍，他們經過細密的觀察發現，趕屍其實趕的不是屍，只是屍體的頭部。他們聲稱自己見證過「真正」的趕屍，他們說趕屍人只會帶著死者的頭上路，屍體一般會穿著非常寬大的壽衣，其實那下面不是屍體的身體軀幹部位，而是趕屍人的徒弟。也就是徒弟們躲在壽衣裡，頂上屍體的頭，從而營造出屍體自己在走路的假象。回到死者的家鄉，未進家門前，趕屍人會提前將一具稻草所做的軀體和屍體的頭顱連接在一起。如此一來，屍體回到家之後，家人看到了屍體的頭顱，就會以為這是死者全屍被運回來了。

這個推理，得到現代為數不少的科學家認同。專家稱，用這種「障眼法」趕屍的科學性比較高。

這個推論的出現，無疑是讓湘西趕屍人這個神祕行業蒙上了一層「欺騙大眾」的色彩。雖然這個推理說趕屍是種障眼法，但無可否認的是，其中一項至關重要的工程，還是讓趕屍人的職業得以成立，那就是「屍體防腐」。

專家們認為，趕屍的過程其實是次要的，我們看待趕屍人，首先要看的是他們的防腐功力。眾所周知，屍體在死後會開始腐爛，趕屍過程靠的都是腳力行走，而且晝伏夜出，平均一天的走路時間最多十至十二個小時，按照人類正常步行時速五公里來算，趕屍人就是從現在湘西的首府吉首走到臨近的鳳凰，都得花上一天一夜，還不算很多死者是在外謀生，異地而亡的。因此，屍體防腐是非常重要的手續。雖然很多趕屍人都會選擇在秋冬季接趕屍業務，但哪怕是在冬季，屍體要做到不腐不朽也不簡單。

湘西趕屍人的詭祕之處便在於此。專家稱，趕屍人聲稱的「奇門法術」、「還

© Wikipedia Common

▲ 趕屍人的防腐工藝與埃及法老木乃伊的做法有異曲同工之妙

魂術」一類的技法，用現代科學的角度來講，就是屍首的防腐工藝。

一般趕屍人會將朱砂放置在屍體的不同部位，其實這些朱砂並不是什麼神丹，而是一定比例的水銀薰蒸物，這個做法就跟埃及法老木乃伊的做法有異曲同工之妙，都是屍體防腐的一門技巧，只不過水銀所用的分量有所不同罷了。

所以，專家認為在當時處理屍體的工藝比較落後的情況下，趕屍人縱然是有「掛羊頭賣狗肉」的嫌疑，但是卻不能抹殺他們在處理屍體技巧上的精湛手法。

當然，對於湘西趕屍人的真實揭祕，大家各執一詞，但是無論如何，我們不能否認這是一個真實存在，並且神祕詭異的組織。趕屍行業固然帶給後世一堆有待揭開的謎團，但是趕屍人的出現，也圓了多少家庭將親人屍體運回家鄉下葬的心願。

馮·哈根斯生物塑化工廠——屍體加工廠

◎令人驚悚的「人體標本」展覽

一九九六年，日本和韓國率先拉開了一場名為「人體世界」（Body Worlds）的展覽，隨後在全球巡迴展出。這次的巡迴展出非常成功，在韓國首爾（Seoul）、釜山（Busan）的展覽中，曾有三百多萬人次前去參觀。在柏林（Berlin）展出期間，有些參觀者為了一睹這些展品的「芳容」，甚至不惜徹夜排隊。而在慕尼克（München）展出期間，為了滿足觀眾需求，主辦單位只好晝夜開放展館，其受歡迎程度可見一斑。

那麼，這個「人體世界」展為什麼吸引了這麼多人潮呢？其賣點就在於，這次參展的都是人體標本，也就是人的屍體。

屍體並不可怕，但這些經過塑化造型後，所呈現在人們眼中的屍體形象，已經遠遠超出了人們所能想像的正常範疇，相信能堅持看完展出的參觀者，都是擁有無比強健內心的人。

這些展出的人體形態各異，不是被從身體中間鋸開，活生生地以開膛剖腹的形態，讓人們感受肝膽直接呈現在眼前的視覺衝擊；就是整個身體被逐層分離，可能是臉部的分層，也可能是大片的神經組織。

這些人體標本展示的不只有壯年人，還有一個個猶如在母體中沉睡、如天使般的小小嬰孩。被塑化後的他們僵硬地躺在那裡，讓人們寧願閉上雙眼，想像他們從此可以入土安息。

展覽中也可看到稍微完整的塑化人體，但人體那猙獰的眼神，猶如刀砍斧鋸般分離的頭蓋骨，除了能讓參觀者聯想到車禍現場般的血腥外，還能讓參觀者隱隱作嘔。

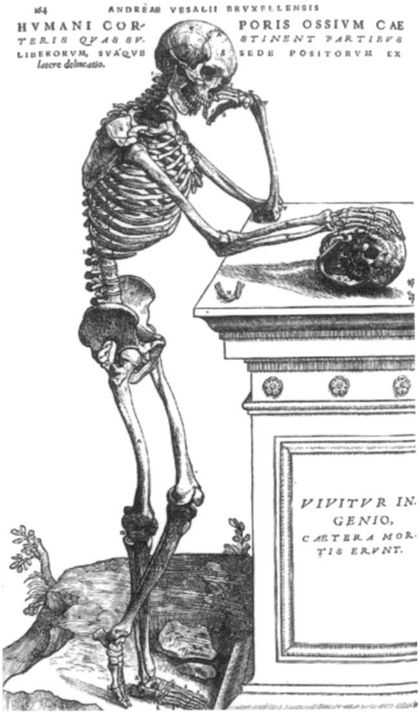

© Wikipedia Common

▲「人體世界」展出現之前，人骨標本是最常見的標本

如果上述這些對有些人來講，都不算是重口味，展覽中還有一個極具殺傷力的標本：一個體型健碩面帶微笑的男子，他面容舒展，和藹可親，手裡拎著一件如同風衣般的柔軟物體，頗具伸展臺上世界超級名模的風範。但是當看過指示牌上的標注，一般人的反應多是頓時一陣暈眩——因為他手裡拎著的不是本季最新款的服裝設計，而是他自己完整的一張人皮。

這些令人驚恐萬分的標本其實都拜一種稱做生物塑化技術的現代科技所賜，而展出這些人體標本的，便是以生物塑化技術爭議於世的馮・哈根斯生物塑化工廠。

生物塑化這項技術原本是科技的一大進步，它的技術可以用在各大醫學院校的

▲二〇〇九年在美國聖地牙哥自然歷史博物館展出的人體標本

解剖教學工作上，然而哈根斯生物塑化工廠卻把這項技術用來加工屍體。

人類屍體之所以會腐爛變質，是因為人在死亡後，身體細胞中的酶（enzyme）就會被釋放出來，加上各種微生物的作用所致。屍體如果不進行冷凍處理，過不了多久就會散發出惡臭難聞的腐敗氣息。而塑化技術就是利用與之相關的科學原理，將人體裡所有能引起腐敗的物質用化學物品做替換，如此一來微生物失去賴以生存的土壤，屍體便可以得到永遠的保存。

◎屍體加工揭祕

坐落在中國大連城郊的屍體加工廠有

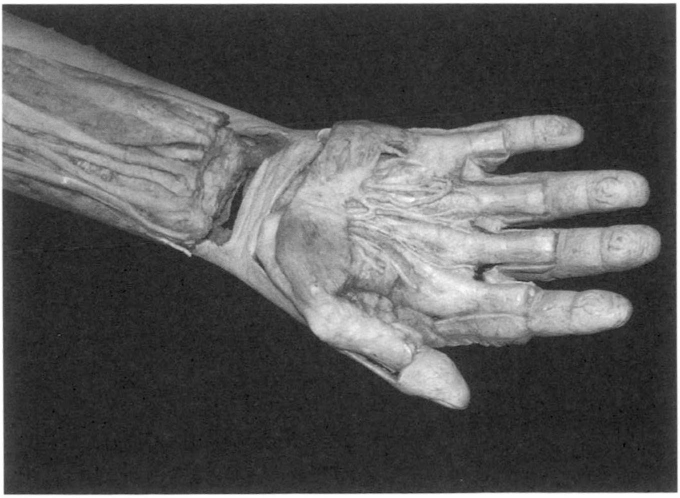

© Pattymooney, Wikipedia Common

▲可清楚看見血管、肌肉等組織的人體手部標本

著偌大廠房，僅僅加工車間就有一百五十平方公尺，當清晨的第一縷陽光照射在這個看似陰森的廠房中時，隨著汽車的鳴笛，工人們穿上潔淨的工作服，開始了屍體加工的第一道程序——迎接屍體。

運來的屍體一般都會裝在一個約長兩公尺、寬一公尺的金屬箱內。每當有金屬箱從門口抬進來，幾名身著工作服的男子便會走過去，合力將蓋子打開。箱子裡面，裝有灰黑色液體，仔細看就會看到裡面有兩團白色漂浮物。工作人員嫻熟地將白色漂浮物取出，這些白色漂浮物便是他們要加工的屍體。

接下來是第二道工序，分解屍體。

加工車間裡的二十架解剖臺一字排

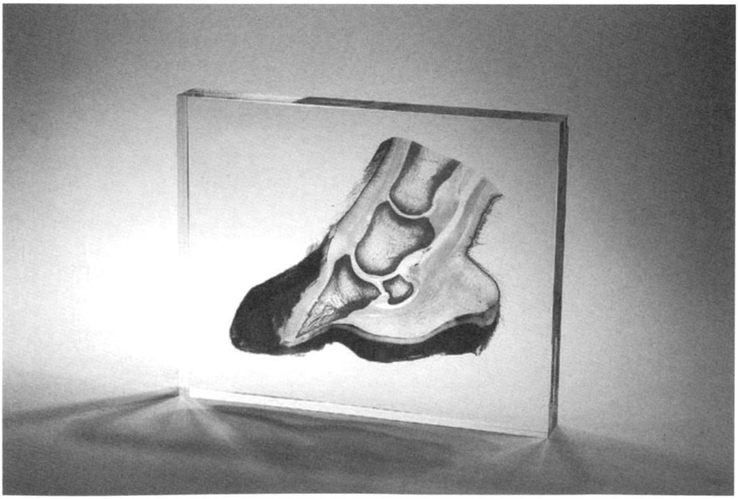

© Dr. Christoph von Horst, Wikipedia Common

▲ 生物塑化技術原本是使用於教學目的標本的製作

開，從金屬箱裡取出浸泡過福馬林（formalin）[9]的各個年齡層的屍體，並根據實際情況分門別類地運送到各自專屬的解剖臺上，然後技術人員再根據不同的塑化要求將屍體肢解，暴露出血管和神經、肌肉與骨骼。

接下來，就是屍體加工的重頭戲，塑化。

首先，技術人員會將屍體送入特殊溶劑中，進行脫水，然後再進行脫脂。經過這兩項處理後，再將塑膠聚合物（Polymer）[10]填充到屍體裡，進行最後的塑化。經過塑化後的屍體，據說會保持新鮮狀態上百年甚至數千年。

當塑化流程結束後，技術人員會使用電鋸，在冷凍狀態下將屍體的部分組織鋸下，切成三點五公釐的切片，然後進行培養和分析，並且透過這些切片來判斷屍體在活著的時候，是否存在一些不良習慣，而這些不良習慣是否已經使得部分器官病變。

當所有的檢驗工作完畢，接著進行最後一道工序——定型。技術人員會根據屍體生前的職業，或是骨骼柔韌的程度，為這些塑化標本安排符合的造型。於是，這些原本已經沒

9 即「甲醛」（HCHO）的水溶液，外觀無色透明，具有腐蝕性，且因內含的甲醛揮發性很強，開瓶後一下子就會散發出強烈的刺鼻味道。

10 指具有非常大的分子量的化合物，分子間由結構單位（structural unit）或單體，經由共價鍵連接在一起。

有了生命體徵的「屍體」，在技術人員的妙手擺布下，重新煥發出勃勃生機。

◎備受爭議的屍體來源

把哈根斯生物塑化工廠推到風口浪尖上的，正是一名位於亞西地區吉爾吉斯（Kyrgyzstan）的喬姓居民。這名喬先生的哥哥於三年前失蹤，他報警後，警方在一次調查案件時，偶然發現喬先生的哥哥病逝於醫院。

喬先生前去醫院確認，醫院卻百般推諉。在喬先生的堅持下，他來到醫院的停屍間，發現哥哥的屍體早已經不知去向，後來經過他長時間的探尋，得知哥哥的屍體可能被出口到國外，成為標本加工的原始材料，而且地點就是哈根斯生物塑化工廠。

按照吉爾吉斯的法律規定，哈根斯生物塑化工廠這種未經死者家屬許可，便隨意使用死者屍體的做法有悖於當地法律法規，理應受到制裁。於是，一場探究人體展覽屍體來源的運動，就此掀起了高潮。

對此，哈根斯生物塑化工廠的答案是，他們每年都從國外進口一百具屍體，而其中會有四十具被完整地製成塑化標本，凡是做成標本的屍體，都是死者生前同意捐贈的。然而有人推算過，哈根斯生物塑化工廠在大連已經成立了若干年，以其需求而言，每年進口的一百具屍體根本不敷使用。

就在人們滿腹狐疑之際，一則免責聲明出現：「哈根斯免責聲明：本次展覽的完整屍體以及人體各部位、器官、胎兒和胚胎來自於中國公民的屍體。這些中國公民的遺骸來自於中國警方，中國警方可能是從中國監獄獲得，無法獨立核實他們是否屬於被關押在中國監獄中被處死的人……」

立時，才稍微平息的輿論再次甚囂塵上，既然成人屍體來自警方，那麼那些嬰兒屍體又出自何處呢？哈根斯生物塑化工廠對此完全不作回應。而一名曾經在哈根斯生物塑化工廠負責尋找屍源的工作人員，對於屍體自何處尋找，又是以何種手段獲取，也三緘其口，諱莫如深。

© Quadratestadt Mannheim, Wikipedia Common

▲ 一九九七年在德國曼海姆的人體世界展中，除了人體標本，還有塑化動物標本

想知道真相的人，或許只能在展覽中，對著那些來歷不明的塑化孩童、那個懷孕八個月肚子被剖開的孕婦，輕聲地問一句：「你是誰？你來自哪裡？」

直到今日，哈根斯生物塑化工廠的屍體來源，仍然是個未解之謎。

◎生命終結，身體不朽

儘管哈根斯生物塑化工廠將死者製成商品的做法頗具爭議，但仍然阻擋不住民眾對逝去生命的身體心存好奇。

正如前文提到的，自從九〇年代初「人體世界」全球巡迴展出以來，處處熱銷，全世界共計有兩千餘萬人次參觀了此次展覽。而在眾多參觀者中，大多數人仍然認為這種塑化屍體技術是一種科學行為，令人如同上了一堂生動而形象鮮明的解剖課。還有觀眾表示，近距離欣賞人體的奇妙構造之後，使他們對人生有了新的領悟，不再懼怕屍體，也不再害怕死亡。

而另有部分參觀者，則對那些因為某種不良習慣，而導致身體器官變異的標本相當感興趣，尤其當他們看到一個肺癌患者那千瘡百孔的肺部標本時，有將近五成的人表示從此不僅要遠離菸草，更要關注健康。

在許多人眼裡，舉辦這種人體標本展覽是讓人發現身體奧祕、探索生命知識的一次大範圍普及活動。甚至在德國、英國和日本，有許多民眾在觀看完展覽後，當場自願簽署合約，死亡後遺體願贈予生物塑化工廠做為人體世界的標本，以使自己的身體永垂不朽。

生物塑化工廠將屍體加工成展覽標本這一做法，見仁見智，毀譽參半。但是唯一可以肯定的是，透過塑化這項技術，我們實在且清楚看見自己身體的所有構造，對於了解自身、更好地掌握自身，都有著一定的作用與貢獻。

© Chiswick Chap, Wikipedia Common

▲哈根斯生物塑化工廠創辦人岡瑟・馮・哈根斯與大猩猩塑化標本合影

法醫——從屍身中掏出真相

◎從「仵作」開始的法醫史

荒郊野外，密林深處，一座廢棄已久的老宅，一塊破敗的牌匾半掛門頭，不仔細辨認，很難看清上面寫著「義莊」兩個大字。一個打著燈籠的瘦小身影走進房門，隨著一陣陰風吹過，燈籠裡微弱的火也滅了，屋裡只剩下慘澹的月光映著清冷的棺材板。但見那人不慌不忙地點上蠟燭，接著吱呀一聲，他竟然打開了棺材板！

借著燭光，他仔細打量屍體周身，又熟練地掰開屍體的嘴巴，看了看牙齒，似乎心中已有了七八分把握。隨後，他從隨身的醫箱中拿出一根銀針，熟練地向屍身的喉管部位猛刺下去。待他拔出銀針，往燈下一照，原本鋥亮的銀針上竟染上明顯的黑斑。只聽他嘟囔一句：「果然是毒殺！」

這一幕場景我們經常可在古裝懸疑推理劇中見到。謀殺者想用死亡來掩蓋真相，但有一種人卻能把真相從屍身中再掏出來，那就是法醫。在這個故事中，那個敢於掀開棺材、與死屍交流的人，就是現代法醫的前身——仵作。

儘管在一些影視和文學作品中，我們看到的仵作智勇雙全、不畏強權，是智慧與正義的化身。但是，在封建迷信的古代，願意終日與腐臭屍體打交道的，絕對不會是身分高貴的名門望族。大多數仵作，都是來自從事殮屍送葬、鬻棺屠宰的家庭。

事實上，在隋唐時期，「仵作」只是純粹的殯殮工人；到了宋代，仵作開始參與處理屍體，檢驗屍身的傷痕，報告死亡的情況；到了元代和明代，仵作的職業才司法化，成為正式檢驗鑑定的吏役；清朝則是仵作行業大發展的時期，出現了培養和獎勵的專門制度。但是，在漫長的發展歷程中，仵作的社會地位一直都沒有受到認可。

時至今日，法醫學已經成為專業學科，仵作的稱呼也隨著歷史的發展漸漸遠去。而掌握了豐富醫學知識的法醫們，依然活躍在司法機關，對案件中涉及的人身、屍體、物品，進行鑑別和鑑定。他們所做的，便是令罪惡真相在任何蛛絲馬跡中無所遁形。

◎漫長的法醫學發展史

早在中國古代的唐朝，就有了用指紋辨別犯罪者的辦案方法，後來到了南宋，一位名叫宋慈的提刑官，在多年從事現場勘察和法醫鑑定的基礎上，以死者的死亡方式系統性地編寫法醫學著作《洗冤集錄》。儘管這些歷史事件和文字著作離現代法醫學還距離甚遠，但它們已然揭示出古代法醫學與現代法醫學共通的核心：不斷發現和提供醫學上的證據，揭露司法案件中隱藏的真相。

為了還原事實，從事與法醫相關職業的人們開始綜合利用各門類學科的相關知識來輔助辦案，但是與現代法醫學關係最密切，或可稱之為現代法醫學母體的，非西方應用醫學莫屬。

一五七五年，法國一名外科醫生在其所著的《外科手術學》中，提到了一些死亡鑑定方式。不久後，一名義大利醫生出版歐洲第一部法醫著作《醫生關係論》。隨後，世界上第一個法醫學講座

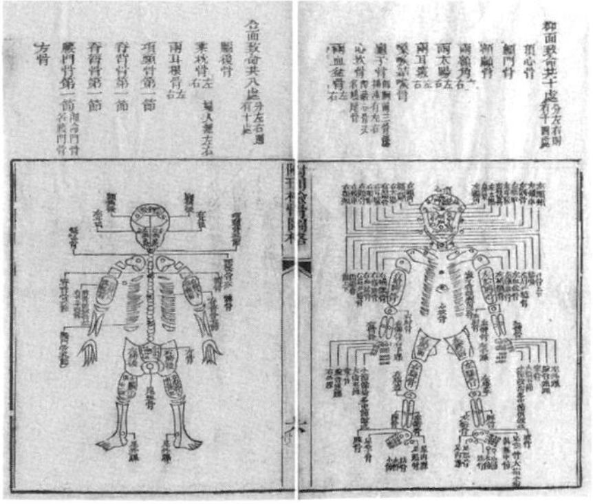

▲古代法醫學著作《洗冤集錄》內頁

在德國萊比錫（Leipzig）開講，第一份法醫學雜誌也在德國柏林刊發，現代法醫學開始初露頭角。

而現代法醫學出現實質性突破，則是在科學技術飛躍式發展以後。早期的法醫學主要是透過經驗和肉眼觀察所得的直觀、淺顯的判斷，而顯微鏡技術的出現和化學分析方法的應用，讓法醫學如虎添翼地發展迅速。除此之外，物理、化學、生物等學科的理論與方法，也被普遍應用到其中，現代法醫學體系逐漸形成。

隨著西風東漸的浪潮，西方法醫學也開始傳入中國，並促進了中國傳統法醫學逐漸向現代法醫學發展。清

© Wikipedia Common

▲ 十八世紀的萊比錫不僅是當時德國的醫學重鎮，商業、出版、文化與音樂也發展蓬勃

末光緒年間，刑部已經開始要求增設法醫培訓機構。不過，直到民國時期，浙江省立醫藥專門學校開始招收醫藥專業的學生，研習法醫專業後前往法院就任法醫，法醫才逐漸成為不可或缺、受人尊敬的職業。

如今，現代法醫學已經發展為一門嚴謹的科學，透過多角度的科學分析，為認定犯罪事實、確定犯罪者提供科學依據。

儘管大多數時候，我們將法醫視作與死屍對話的人，但是其實除了殺人、投毒、傷害等重大刑事案件和一些重大災難事件中，他們會直接與屍體打交道，在更多的刑事案件、民事糾紛中，他們接觸的則是活生生的人。現代法醫學實際上分科很細，比如法醫物證學、法醫精神病學、法醫血清學、法醫臨床學等，而法醫臨床學就只管活人的事。

只要跟隨職業法醫參與下列案件的處理之後，或許你對這個特殊職業的見解就會大不同。

◎用屍塊拼出真相的碎屍案

凌晨三點，儘管城市裡還是燈火通明，鄉村地區卻已被黑幕遮得嚴嚴實實。荒郊野外的一片密林中，一簇簇明亮的手電筒光束劃破了嚴密的黑暗，低沉嚴肅的交談夾雜著偶爾興奮的犬吠聲，打破了鄉村的安靜。

數小時前，警方接到報警電話，城郊六十餘公里的河岸邊有一隻人手！數十名警力和兩隻搜索犬迅速出動，對周邊地區展開了地毯式的搜索。法醫也在第一時間隨警隊出現在碎屍發現地，在碎屍案中，他們最主要的工作是盡可能尋找屍塊，還原一具完整的屍體。

距離警方動員搜索時間已經過去了五個小時，天光已經放亮。在事發地點和周邊的密林中，警方又發現了更多的屍體殘骸，包括另外一隻手、半條連著骨盆的下肢，和一顆頭顱。

時值盛夏，屍塊已經發臭腐爛，頭顱上的皮肉幾乎已經不復存在，完全看不出死者生前的相貌。眼窩裡蛆蟲進進出出，平常人看上一眼，恐怕也會嘔吐半天。但是，法醫還是相當敬業仔細地打量著蛆蟲的密集程度和大小。經驗告訴他，這具屍體被棄屍的時間至少有二十天以上了，但是具體的死亡時間，還需要進一步驗證。

接下來，法醫將屍塊帶回警局，做進一步的檢測和鑑定。透過對骨盆的特徵點進行測量，法醫初步判斷出死者是女性。此外，從恥骨聯合面形態亦推斷出死者年約三十歲。由於發現的屍塊有限，較無法準確推測出死者身高，但根據手臂、下肢的長度，法醫估計死者身高約在一六五至一七五公分之間。

為了盡快破案，警局的幾名資深法醫聯合採取「顱骨復原」等技術，透過高度腐敗的頭顱對死者五官的生理特徵進行復原，為死者「畫像」。

經過一系列還原，一個三十歲左右、身材較為高䠷、樣貌清秀的年輕女死者形象已經呼之欲出。法醫們迅速將這些資訊傳遞給刑事偵查大隊，刑警按照線索立即在失蹤人口中進行排查，將死者範圍縮小在四名失蹤人口中。

© Wikipedia Common

▲你能看出我的死因嗎？

接著，法醫從屍塊殘留的一些軟組織中提取死者的DNA，與四名失蹤人口直系親屬的DNA分別進行分析比對，很快就鎖定了女死者的身分。

查出死者身分後，刑警走訪死者生前時常出入的場所，釐清死者生前的關係網絡，並調閱死者近期的通話記錄，嫌犯頓時現形，一樁殺人分屍案就此宣告破案。

在這樁分屍案中，確定死者身分上發揮關鍵作用的學科，是法醫學項下的法醫人類學。在眾多重大的刑事案件中，雖然受職業分工所限，法醫無法直接將罪犯繩之於法，但他們可以透過專業的檢測分析，從蛛絲馬跡中還原出破案所需要的核心線索，為鎖定嫌疑人、揭露真相，提供了巨大的幫助。

◎焦屍堆裡解讀死者的空難現場

一望無際的戈壁灘上，瀰漫著濃濃的黑煙和灰塵，地上寥寥無幾的駱駝刺已被火苗燒得只剩下炭黑色的印跡，遠處巨大的飛機殘骸上仍然有火苗在熊熊燃燒，地上散落著焦黑屍體，以及殘斷的四肢。天空中的禿鷲不時覬覦著地上的屍體，卻因對大火的恐懼只敢在上空遠遠盤旋。

消防人員和警方趕赴現場後，訓練有素的法醫第一時間確認了空難的中心現場，隨後對現場進行仔細的搜查。火勢漸熄的現場，到處散發著皮肉被燒焦的濃烈氣息，法醫身著工作服，臉部幾乎被厚實的口罩遮嚴，忙碌地穿梭在飛機殘骸和大小不等、形狀各異的焦屍之間。除了現場散落的焦屍，連死者身上佩帶的飾品、所著的衣物都要仔細歸集。三個多小時過去了，法醫辛苦的工作才初步告一段落。

飛機墜落時的爆炸造成很多屍體四分五裂，經過初步檢驗，死者的骨折以脊柱、頭顱和骨盆為甚，而軀幹較為完整的僅有六塊屍塊。昔日活生生的生命化作一堆皮開肉綻、焦黑似炭的屍體。隨後，這些屍體碎塊和七零八落的收集物，被裝進專用的塑膠袋中進行編號和拍照，送往殯儀館以備進一步確認死者身分。

藉由衣物殘留物、飾品等資訊，基本確定了大部分死者的名單。然後，法醫對於另外難以辨別的屍體進行血型測試及指紋比對，再與航空公司所提供的名單仔細比對，確定了另一部分的死者名單。

然而，在處理剩下兩名死者遺體時，出現了問題。兩名死者均是AB血型，均為男性，屍骨不全、無法推測身高的情況下，難以推斷其身分。後來，法醫發現一

© Wikipedia Common

▲ 空難現場散落的焦屍難辨

© Wikipedia Common

▲ 一旦發生空難飛機爆炸，能幸運生還的乘客微乎其微

名死者生前曾經在牙醫診所建有病歷。做為人體最堅硬的組織，牙齒具有很強的抗腐敗和抗毀壞力，即使人體已經被燒得面目全非，牙齒依然能夠完好無損。法醫翻閱死者生前的病歷，對其就診情況進行詳細的了解，終於根據牙齒特徵，確認了死者的身分。

雖然在空難、地震、海嘯等大規模的災難性事故中，法醫不需要與隱藏在黑暗中的犯罪分子鬥智鬥勇。但是，他們結合法醫多種學科的綜合知識，為尋找事發原因、核對傷亡人數、確認死者身分，做出了重大的貢獻。法醫的工作也並非只與死傷者有關，正確歸還死者遺骨、界定責任歸屬、確定賠償標準，都需要法醫的協助。雖然他們的工作似乎是與死人打交道，但在一定程度上仍然與生者密切相關。

◎在頭顱裡尋找原因的糾紛案件

午後秋收的農場，風中都是成熟麥穗特有的清香，處處沉浸在一片豐收的微醺中，連搖曳的枝頭都一副慵懶的模樣。警局的電話尖銳而急速地響起，刺破了這片刻的安逸。

電話是一個農民打來的，聽他簡單述說了自己的妻子因精神病復發，手持尖刀挾持親生兒子，對其生命構成威脅後，兩名全副武裝的警員急赴現場。

房間裡的病人，情緒十分激動，幾經勸說仍不願意釋放手中的孩子。孩子因恐懼而大聲啼哭，使得病人更加暴躁，揮舞著刀子大喊大叫、胡言亂語。尖銳的刀刃就在孩子的脖子上，情勢相當緊張。

為了制服失控的病人，警方與其親屬溝通後做出了艱難的決定，在保障病人生命安全的情況下向其射擊。三聲槍響之後，病人應聲倒下，孩子隨後被安全解救。但是，令人吃驚的是，病人隨即氣絕身亡。

死者家屬將警方告上法庭，理由是警方在射擊時出現明顯失誤，導致病人當場死亡。那麼，在事件處理過程中，向病人射擊的決定是否真的不當？負責射擊的警員是否存在著失誤？

在雙方僵持不下時，法醫的屍體解剖結果出來了。驗屍結果證實，警方射出的三枚子彈均擊中了病人的腹部。開槍警員的槍法極其準確，三槍均未傷及死者的大血管，也遠離肝腎等重要器官，顯然這三槍並不是導致其死亡的直接原因，其死亡的責任歸屬不在警方。

這個結果並不足以說服死者家屬。要讓死者家屬心服口服，只有找出真正的死因。法醫隨後對死者進行頭顱解剖，發現其顱內有一處先天性發育畸形造成的顱內動脈瘤。經過與死者家屬溝通和翻閱其精神疾病病歷，發現病人精神疾病反覆發作、間歇性暴躁不安，正是顱內動脈瘤破裂的症狀。最後，法醫利用現代法醫學中的法醫病理學給出了死者在警方槍擊前，就已顱內動脈瘤大面積破裂致死的結論。至此，事件真相水落石出，開槍警員洗脫罪名，死者家屬也不再有異議。

法醫終年與血腥的凶案現場、恐怖屍體、累累傷痕、橫飛的血肉相伴，他們的工作總是圍繞著血腥的犯罪現場，或者是不斷鑑定、處理人身損傷、意外死亡的案件。但是，真相只有一個，不能讓它隨著死亡或謊言長埋於地下。雙手觸碰過無數屍體，雙眼識破無數犯罪分子，這就是法醫這個莊嚴神聖的職業。

犯罪現場清理員——在殘肢碎屍中工作

爆炸、槍擊、下毒、恐怖攻擊……不管自己的生活有多平靜、多祥和，世界的某個角落總有這些事情在發生，而且是每天都在發生。這些犯罪現場不管離你有多遙遠，都意味著有人被傷害，有人在流血，甚至有人失去了生命，而更加讓人難以容忍的是，這些現場是如此地恐怖和殘暴，往往到處都是血腥、殘片或者腐爛的肢體，彷彿人間地獄一般，時時提醒著世人，這個世界遠沒有想像的那麼美好。

對於犯罪現場的慘狀，大部分人是連看都不願意多看一眼，更有人對於那些場景會有嘔吐、眩暈等不良反應，膽小的甚至直接被嚇得雙腿發軟，站都站不穩……這些都是很正常的反應。不過，這也讓人產生新的疑問：既然犯罪現場如此令人不忍直視，那麼是由誰去清理現場的呢？

大部分人的第一反應肯定認為是警方。這符合大眾的普遍印象：警察不僅要偵查案件、抓獲罪犯，還要處理好包括清理犯罪現場在內的相關事宜。然而，事實上，在犯罪發生之後，警方到達現場的唯一目的是採集相關證據，進行一定的勘察，至於犯罪所留下的痕跡清理，並不屬於他們的義務範疇——他們可以協助處理，提供一定的專業幫助，但更多時候，大部分事情還是要由犯罪現場（比如某棟房屋）的所有者來處理。

犯罪現場，尤其凶殺案件的現場，並非一般場合，不僅有恐怖異常的情景，其所留下的汙跡或是危險遺留物，也遠不是普通人所能應付的，於是一種職業就此誕生，就是「犯罪現場清理」——它不是一般職業，也不是一般人所能勝任，人們對它知之甚少，事實上這份工作所要求的專業技能，可能遠遠超過大眾對它的想像。

◎最頂級的「清潔員」

清潔人員在城市裡四處可見，不論是街道、樓宇或者是體育館內，都可看見他們默默工作、維持環境整潔的身影。然而，還有另外一種清潔人員，從本質上來說，他們也是在維持城市的乾淨，但他們並不經常出現，如果你偶然遇見他們，那說明了又有不幸的事件發生——他們是專業的犯罪現場清理員，從某種角度來說，也是最頂級的「清潔員」。

在早期，凶案現場的血跡或其他汙跡的確是由清潔公司來清理，並且是由受害者的家

© Wikipedia Common

▲美國加州第一家犯罪現場清理公司位於庫卡蒙加牧場（Rancho Cucamonga）內

屬出錢請人來清理。但是，隨著後來犯罪現場愈來愈複雜，加之犯罪手段也愈來愈多樣、殘暴，使得一般清潔公司難以勝任類似的工作。事實上，普通清潔公司所能勝任的，原本就是一般家庭或公司內部環境的日常維護，對於犯罪現場這種破壞性極大的情景，已超出他們的能力所及。這樣一來，專業犯罪現場清理公司便應運而生。

犯罪現場清理公司最早出現在美國，一次清理的價格是每小時六百至八百美元，而要是普通的清潔公司進行普通的清潔工作，即便是最頂級的VIP服務，也不過每小時五十至一百美元，可見得兩者之間的費用收取差距達十倍之多。看到這樣誘人的利潤，或許已經有人躍躍欲試。如果你覺得不過是用水沖沖地板、刷刷牆，再加上膽子大一點就可以了，那你可是大錯特錯。不是隨身帶著掃帚畚箕，以及水管刷子，你就能成為「頂級清潔員」。

◎非正常死亡的中年人

一名中年人被發現死在自己的家中，警方勘驗現場後推估他的死亡時間是在八天以前。當時正值盛夏，死者家中門窗緊閉也未開冷氣，整個室內不僅高溫而且潮溼，以致死者的面部幾已難辨，不僅屍體布滿屍斑，甚至已有淡綠色的液體從口鼻中流出。更為恐怖的是，死者身上被發現有好幾處的撕咬痕跡，有些部位連皮帶肉地脫落，後來才發現是死者所飼養的狗難忍飢餓，而開始吃自己主人的屍體。

警方初步判斷死者是被人毒死的，但仍需要將屍體運回醫院做進一步的檢驗。此時，犯罪現場清理公司就可以開始介入了。不過，出乎大多數人意外的是，這種時候清理公司對於員工的第一要求不是勇敢，而是對死者的尊重，這往往也是許多外人所忽略的。一個人雖然逝去了，但他並不是一件物體，依然要得到相應的尊敬，對於死者發自內心的尊重，才是所有犯罪現場清理員的首要準則，否則便是沒有職業道德（甚至是做人道德）的體現。

因此，對於犯罪現場清理員來說，他們首先必須做到下列三點：(1)不管在什麼樣的情況下，都要最大限度保證死者遺體的完整性。(2)尊重死者生前的信仰及風俗。(3)保證死者最後的尊嚴。以上這三點是每個人都認同，但卻不是每個人都會時時記在心中。如果不是一個擁有極高職業素養的人，很難做到時時刻刻都把這三點融入到自己的行動之中。

只要心懷善意就不難做到對死者的尊重，但這樣的清理工作還遠不只於此，除了善意，它還需要克服許多的心理恐懼。

前述案件中的死者，在高溫下暴露在空氣中的時間過久，屍體已經開始嚴重腐爛，那種惡臭就像是死掉的魚蝦被放入密封袋中很久才取出的氣味，更像是經過了發酵一般的氣味。面對這種情況，即使警方人員進入房間的時間很短，也都會戴上好幾層口罩，然後每隔幾分鐘就出來透口氣，否則那種令人窒息的味道真的會讓人暈過去。然而，對於專業的現場清理人員來說，他們是不可能頻繁地進進出出的，在進入房間之後就必須一直待到工作結束。

由於這名死者的屍體腐爛程度較高，已經到了正常人嗅覺難以接受的程度——屋內的氣息已經到了幾乎有毒的地步，即便並不會讓人真正染上病毒，但可以肯定的是會帶給人不利健康的影響。在這種情況下，就是展現現場清理員專業程度的時候了。他們並不會就此退縮，而是戴上專業面罩開始工作。除了必備的手套之外，對於清理某些細微部分所需的夾子、鑷子之類等工具也不可少。總之，一切都是為了能夠更加快速且專業地完成他們的工作。具體而言，在警方的要求和協助，以及不損傷屍體的前提下，對屍體進行初步的清理，主要包括屍體表面的雜物、碎片、毛髮（這些東西也會被專門保存起來），然後讓屍體基本保持死亡時的狀態並裝入裹屍袋，再送至專門的法醫機構。

在將屍體處理完畢之後，真正重要的清理工作才剛剛開始。由於房屋主人是非正常死亡，所以其所在環境中很有可能已經滋生了大量病菌，一個最明顯的體現，就是屋內已經出現大量的蛆蟲。這些蛆蟲不僅出現在死者的身體上，也出現在房間的其他地方，因為蒼

© Wikipedia Common

▲ 不論死者死因為何，他殺或自殺，其遺體都應獲得適當的尊重

蠅最擅長的就是將卵產在腐敗的環境中，腐敗的程度愈高，繁衍的速度也就愈快。現場清理人員的主要工作，就是清除繁衍這些恐怖蛆蟲的環境。

對許多人而言，一兩隻蒼蠅在眼前飛來飛去或許還能忍受，但若是成堆的蛆蟲出現在眼前，相信絕大多數的人都會落荒而逃。而諸如此案件的腐敗環境實在是蛆蟲的天堂，桌子上、廚房裡，甚至是冰箱中，一堆堆的白色物體蠕動不已，就是清理員所要面對的最大挑戰了。

當然，他們有一套標準的處理流程。首先，用高濃度的消毒劑噴灑室內所有地方，包括地板、天花板，同時將所有受害者死前曾接觸過的物品收集起來。其次，用低濃度的消毒劑大量沖刷房間內部，這需要重複大概三至四次。然後，對房間內某些特定的點，例如少量的血跡、屍體流出的體液，以及其他難以清除的痕跡，進行專門的處理。最後，將之前收集起來的物品，包括現場清理員使用過的一次性工具（例如手套）封裝起來，以備運到專門地點進行「無害化處理」，避免病菌的擴散和傳播。

至此，這次犯罪現場的清理工作基本結束，整個過程歷時五個半小時，一共有四名專業清理員參與其中。這還只是一個規模較小的犯罪現場，如果遇到更加複雜的情況，不管是時間還是人手都會翻倍。

◎黑幫火拚的遺留戰場

第二處現場，是一次黑幫間火拚後的槍擊命案現場。地點是在一個偏遠地區的小酒吧，當警方人員趕到時，已有七人死於槍擊，大部分是頭部和胸部中槍，整個酒吧地板上覆蓋了一層開始凝固的血跡。另外，由於打鬥和槍戰，酒吧的設施也被嚴重損壞，碎片散落在整個房間內。

在警方採集彈殼、槍枝、指紋等重要破案線索後，犯罪現場清理員會協助搬運屍體。這次的狀況相對簡單，只需要對血跡進行初步清理即可。待警方進行完所有採證調查工作之後，現場清理員就會接著進行他們的工作。

在這個現場，清理員所要面對的最主要問題就是「血跡」。由於是槍擊案，而且多數是頭部中槍，所以酒吧裡的所有牆面留下了很多放射性的血跡，全部呈暗紅色，讓人彷彿置身地獄一般。當然，訓練有素的清理員對此已經習以為常。更為關鍵的是，血完全不同於普通的染料，往往含有大量的脂肪組織，比如人的腦組織和內臟，因受槍擊噴射附著在牆上，更是難以清理。

© Wikipedia Common

▲示意圖。酒吧一向是容易惹是生非的地方

在命案現場，總是少不了鮮血橫流、腦漿滿地的恐怖場景，所以清理員也做過相關的專業訓練：用雞的脂肪做為大腦組織，在訓練房間中布滿蛆蟲、雞血，還有破爛的床墊和快要掉落的電扇等，以增加訓練的真實感。

然而，不管是實戰還是在訓練，清理血跡特別是腦漿時，必須動作迅速，因為腦組織中有百分之十二都是脂肪，其餘大部分是膽固醇，如果在兩個小時之內無法清理完畢，這些腦組織將會變得異常堅硬地附著在地板或者天花板上，很難處理。

值得一提的是，在專業的犯罪現場清理公司中，僅僅是像這樣對於血腥環境的適應性訓練，就要進行一個月左右。

在這次黑幫火拚中，由於現場情況十分慘烈，所以清理員不得不穿上專門的防護服，才能正常進行工作。在這次清理任務中，最令人難以接受，或者說最為毛骨悚然的部分，不在於對血跡清理——清理血跡只要用對化學藥劑，按照標準程序進行就好——而是在於對現場殘渣的清理。

就像任何經歷槍戰的地方一樣，酒吧內到處都是玻璃和金屬碎片，當然也少不了酒、咖啡，以及一些不明液體的混合物。不過，在清理過程中，下述東西是難免要碰到的：帶血的牙齒、內臟殘屑、毛髮，甚至是一顆被壓扁的眼球，這些都在極大地考驗著人的神經。

在清理的同時，還會不時感嘆著：這些殘肢在幾個小時前還屬於一個活著的生命體。意志力不夠堅定的人，不僅難以接受，甚至可能會因此崩潰。

事實上，在清理槍戰後的犯罪現場時，也由不得清理員多想，清理的動作要快，因為大量血跡停留的時間愈長，逐漸凝固就愈難清理。

當然，犯罪現場清理公司的收費也和案發時間直接相關。一般而言，如果是在案發八小時以內通知他們，收費為每小時五百美元，八至二十四小時內則會增加百分之二十，如果是在二十四小時之後才通知他們到場，費用就可能會飆升到每小時一千美元以上。如前文所述，隨著案發時間的過去，現場血漬會變得愈來愈難以清理，費用相對增加許多。

◎大毒梟的藏身所

如果你認為犯罪現場就只是血和屍體，再加上一些碎片和遺物，那可是大錯特錯，有些犯罪現場甚至不會讓人覺得這裡犯了什麼罪——像是，被警方破獲的製造冰毒（甲基安非他命）的實驗室。

儘管房屋四周種植大量藤蔓植物做為掩飾，還建造了專門的下水道和通風系統，被警方追查了七年之久的大毒梟最後還是落網了。做為犯罪現場，毒梟的製毒場所一點也不典型，因為裡面擺滿了試管、天秤、鍋爐，以及大桶大桶的化學原料，在在讓這個「犯罪現場」看起來完全是一個擺放整齊、收拾乾淨的實驗室——沒有子彈，沒有血跡，甚至連一點打鬥的痕跡都沒有。然而，這個毒巢卻是清理起來最有技術難度的，絕不僅僅是搬走幾個桶子、收拾幾個杯子那麼簡單。

大毒梟以此為製造冰毒的基地已有七年，所帶來的結果就是實驗室幾乎成了一座小型化工廠。即便警方帶走了大量物證，實驗室內依然存留著大量的化學物品，這個時候的清理員必須具有相當的化學知識才行，否則即使只是輕微的摩擦，或者是不小心打翻某個容器，就可能引起一場火災，甚至是一場炸掉房子的爆炸。

清理員進入現場後的第一件事情，是給所有物品貼上標籤，按照化學物質是否有毒或是否易燃等特性，將它們歸類收集。之後是對實驗室內進行整體消毒，由於不存在血跡之類的痕跡，所以只進行一至兩次的消毒。最後進行的是對房屋通風系統的檢查，以確保屋內的空氣暢通。

像這樣和毒品有關的犯罪現場清理，所需時間是最短的，流程看起來似乎也是最簡單的，然而它的收費卻是最

© Radspunk, Wikipedia Common

▲晶狀甲基安非他命。製毒者在製毒時也常戴上面罩，以防吸入過多毒氣而亡

高的，比起其他清理任務普遍高出百分之三十左右。其他的犯罪現場雖然很血腥，但只要克服心理上的障礙，並不會存在實質性的危險，而面對毒品、化學物的各種狀態時，例如高腐蝕性的液體、存在爆炸可能性的製劑等，均需十分謹慎小心。另外，毒氣也是必須考慮的威脅之一。因此，在對清理員要求具備耐受度高的心理時，還必須要求他們擁有專業知識，光是這一點就不是任何人都能做得到，他們的高報酬也就不難理解。

◎犯罪現場清理員的裝備

了解犯罪現場清理員的日常工作後，我們再來看看他們一般所會用到的工具，這也許能讓一般人更了解他們的工作內容：

- 身體防護裝備。一次性無孔防護服、手套、過濾式呼吸器和防化靴。
- 生物危害廢棄物箱。容積二〇九升的結實袋子和密封式硬塑箱。
- 傳統清潔裝備。拖把、水桶、噴霧瓶、海綿、刷子等基本清潔裝備。
- 臭氧機（用於除臭）。
- 霧化器（方便將濃縮清潔藥品送入通風管道之類的死角，通常用於除臭）。

- 醫用消毒劑（漂白粉、雙氧水）。
- 工業用除臭劑。
- 酶溶劑（殺滅細菌和病毒，以及溶解風乾的血漬）。
- 無接觸式清潔系統（在保持安全距離下同時清潔沾滿血漬的表面，包括強力噴霧器、長柄硬毛刷、溼式真空吸塵器）。
- 刮刀（刮去已風乾為水泥狀黏稠物的腦容物）。
- 刮鬍刀（切去部分地毯）。
- 鏟子（大面積的血液約兩小時過後，會凝固為膠狀黏性物質，可被鏟入袋子中）。
- 車載注氣機（融化清理人員無法用刮刀清除的風乾腦容物）。
- 化學處理罐（對真空吸塵系統吸取的物質進行消毒和儲存）。
- 木工與修復工具。長柄大錘、鋸、抹牆粉和油漆刷。
- 梯子。
- 相機（出於保險理賠目的，拍攝前後對照圖片）。
- 貨車或卡車用來運輸這一整套物品。

上述裝備，只是其中的一部分，應對不同情況時，還會用到其他一些特殊工具。正是在這些工具的幫助下，犯罪現場清理員才得以將每個「地獄」般的犯罪現場打掃乾淨。他們的確配得上「頂級清潔員」的稱號，因為他們所做的工作需要非凡的毅力，同時還需要過人的膽識。

喪葬從業者——沒有死亡，就沒有生存

死亡，一個從未有旅人返回的國度，所以沒有人可以描述那裡到底擁有什麼樣的景色，而對未知世界充滿恐懼是人類的本性，於是「死亡」這一人生中的最大未知事件，不僅帶給人們極大的恐懼，也為其本身蒙上了厚厚的神祕色彩。

自古以來，不管在世界的哪個角落，也不管是哪個民族，都相信有所謂「天堂」的存在。於是，所有和死亡有關的職業，都變得非常特殊，因為在那些相信輪迴和天堂的古人看來，「死亡」是一個重要的環節，它彷彿是一顆連接「此生」和「來世」的樞紐。

© Wikipedia Common

▲ 基督教的天堂，圖中顯示了三種層級與九級天使

如果在這件事情上處理不當，很可能會讓自己陷入「萬劫不復」的境地。以上這一切，讓那些為死者服務的人也同樣變得神祕莫測，彷彿他們可以和死者直接溝通，又彷彿他們在陰陽兩界架起了某種橋梁。

◎入殮師

在古代，出於「生死事大」的觀念，死亡被人們看得非常重要，凡是有點家底的人家，都不會在葬禮這件事情上吝惜錢財，而且在很早以前，就已經有一些關於葬禮的職業分工，比如有專門的棺材鋪，有職業的掘墓人，還有專為超渡亡魂的和尚及道士，以及今天我們所看到的入殮師。只不過，「入殮師」這個角色，在那時還並不被當做一種職業，因為大部分的家庭都會自己完成入殮師的任務。

所謂入殮，是在進行最後的容顏衣物整理後，將死者安放至棺材內的過程，在某些地方又被稱為「入棺」、「入木」。在送入棺材前，要為死者穿上壽衣，在通常情況下，壽衣的數量和死者的輩分以及其兒孫的數量有關，不過這也要考慮到死者家庭的貧富情況，但不管多少，壽衣是一定要有也一定要穿的，而且為死者穿壽衣的任務，通常是由其長子來完成。

依中國傳統，進行入殮儀式時，死者長子會頭戴斗笠、腳穿木屐，站在堂院中的一個木凳上，高聲呼喚死者的亡靈歸來。之後，長子雙手分別持一根麻繩的一端，家族中其他長輩則將壽衣一件一件套在長子身上，完畢後再由長子一件一件為死者穿上，這個過程稱為「套衫」。

「套衫」只是將衣服穿好，接下來換死者的女兒上場。主要任務是為死者穿鞋，鞋裡會放有錢幣，以便死者在通往陰間道路上遇到惹事的小鬼時，可以有應急的買路錢。穿衣穿鞋完畢後，還有最後一項任務，就是梳頭、戴帽，這些則一般交由死者的兒媳來完成。

完成上述程序之後，死者的棺材就會被蓋上，並用釘子釘死，以免在死後受到不必要的打擾。也就是說，入殮這個過程，就是死者和這個世界最後的告別儀式。

© Wikipedia Common

▲不論東西方，自遠古以來，在將死者入殮之前都會為其做一番全身整理

在中國古代，入殮被認為是做兒女的義務之一，如果父輩逝亡而晚輩不為其入殮，會被視為大不孝，所以在古代，普通的平民百姓就是實際上的入殮師，雖然還算不上一份工作，但也將一些習俗和規定存留了下來，直到現在都還為人們所遵循。

到了現代，喪葬行業形成一定規模之後，入殮也同樣開始具有標準流程，入殮的工作不再由家屬，而是由與死者毫無關係的專業人士來負責，這些專業人士便是今天所謂的職業「入殮師」。

職業入殮師的工作內容和古代為死者入殮的死者家屬比起來，並沒有太多的變化。起初，東亞地區的喪葬儀式幾乎完全一樣，但後來隨著各個地區的獨立發展，漸漸有了差異。在臺灣，入殮師更多時候其實是「禮儀師」，因為他們所承擔的任務不僅是入殮，還包括在葬禮上全程協助死者家屬處理大部分事務，其中甚至包括安慰家屬、向家屬解答宗教問題等；日本的入殮師在這一點上和臺灣很相似，他們幾乎也包辦了死者從逝去後一直到入土的全部過程，但他們一般不會介入到宗教問題中，而且他們的工作更多是面向死者，和家屬的交流並不會很多；而在中國大陸，入殮師則是一個有著明確職責的職業，他們所做的事情可能才最接近「入殮師」的本意，那就是為死者進行清洗、整理妝容，並最終讓其入土為安。

如果是才剛加入入殮師這個行業的新人，初期通常必須在一旁觀看師傅進行入殮的整個過程，熟悉整個儀式後才可能逐步從旁協助。不論開始或結束，有個儀式每次必做——向死者鞠躬敬禮，而且每次都不能忘。做為入殮師，首先也是最重要的，就是對死者的尊重。如果缺乏這一點敬意，相對地此人的職業道德幾乎為零，即便有再大的勇氣，再好的技術，也無濟於事。

或許有人會問：入殮師難道是相信有鬼魂的存在，所以才表現敬意？他們並不一定相信真的有所謂鬼魂與神仙，但是他們相信每個生命都值得尊重，尤其在這最後的一刻。

師傅讓徒弟在最初的一段時間內在旁觀

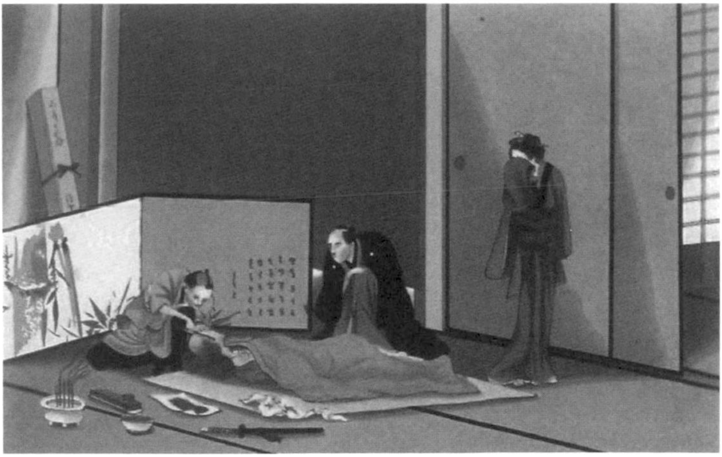

© Wikipedia Common

▲ 日本的入殮師專心一意地服務死者，與死者家屬的交流並不多

看，或者只是做些助理工作的重要原因，是讓徒弟有個充分的心理緩衝階段。天天和死者接觸是件需要很大勇氣的事情，更甚者在其他一些時候，入殮師所面對的死者情況，要恐怖得多也殘酷得多。

以凶殺現場為例，入殮師在接到警方通知領走屍體之後，所要做的並不僅是將屍體抬走這麼簡單，死者的內臟碎片、被砍下的肢體等，都要由入殮師來收集，而且只能透過雙手戴上手套一點一點地撿拾收集。

但其實，最讓入殮師們感到壓抑的，其實是對屍體的美化。如果只是普通的病死者，時間久了入殮師也會習慣，畢竟那樣的死亡每天都在發生，但總會有一些特別極端的情況。比如車禍中死亡的人，往往屍體外形會被嚴重破壞，尤其是在腦部，幾乎都會有程度不同的破損，而為死者縫合，讓遺體盡量保持完整，就成了入殮師必須完成的工作。這在某種程度上和外科醫生有些相像，不過在心理上所帶來的實際影響卻是截然不同。外科醫生的工作是在救活一個病人，而入殮師卻是面對一具完全冰冷的遺體，對於任何人來說後者相對讓人感到壓抑。

另外，如車禍這樣的災難，對人體的破壞是十分慘烈的，腦漿四濺，骨頭粉碎，甚至內臟外露，而這一切都要由入殮師來清理，而且最終達到的效果是讓死者看起來和普通人沒有太大的區別——唯一的區別是他已經永遠睡著了。在為遺體縫合之後，一般情況下入殮師還會為死者化妝、梳頭，穿上由家屬準備好的衣服和鞋子。

以上就是入殮師工作的基本流程，和古代相比差別並不算太大，不同的是，古代是由兒女為父母入殮，但現代入殮師每天面對的都是陌生人，完全不了解他們的生平，更談不上有任何感情，所以入殮師必須具備高度穩定的心理素質，在入殮過程中保持平和，否則稍有疏忽就會為死者及其家屬帶來不良的影響。

時至今日，入殮師依然是個比較隱祕的職業，即便從事這個行業很多年的人，也會盡量避免談起自己的工作，以免觸到別人的忌諱。當然，入殮師也有自己的忌諱，比如不會和別人說「再見」，在逢年過節的時候不會去別人家拜訪，不會給別人紅包，也不接受別人的紅包等。

◎賣棺人

自古以來，風光大葬都被當做是死者的最大尊榮，在禮法森嚴的封建社會，天子、諸侯死去，那必是白幡蔽日，全城素縞，送棺隊伍綿延十里不止的陣仗。然而，到了平民百姓這裡，顯然不可能造如此的聲勢來寄託對死者的哀思，但是正規的儀式和程序同樣不可少。而在這些傳統的儀式中，很多環節例如停屍、報喪、招魂、送葬等，都需要用到一些如壽衣、棺材、招魂幡、靈牌等物品，於是購買好一點的棺材、多一點的殯葬用品，讓死者的靈魂能鄭重其事的上路，成了人們對死者的另一種表達尊敬和紀念的方式。

有需求，自然就會有買賣，棺材鋪至此應運而生，賣棺人這個職業也便隨之誕生了。

然而，賣棺人卻並非像他們的職業名稱那樣，只賣棺材。事實上，但凡喪葬場合上需要用到的一切用品，靈牌、壽衣、香燭、

© Bild 137-009055, Wikipedia Common

▲ 送葬儀隊陣容的大小，通常也顯示了死者的家世背景

孝幡、紙錢等，他們都有販售。同時，為了順應喪葬形式及習俗的變遷，他們的業務範圍也在不斷改變，在土葬不再主流，火化大行其道的今天，有的棺材鋪甚至已不再出售棺材，而是轉而出售骨灰盒、花圈、輓聯、紙紮祭品等等。

雖然比起普通人，賣棺人對喪葬並沒有太多忌諱，但畢竟做的是死人的買賣，一些不成文的行業禁忌，他們都是相當恪守的。比如，棺材鋪一到晚上便關門休息不再販售棺材，據說這是因為害怕鬼叫棺，怕遊魂野鬼會趁機進來賺紙錢。

▲紙紮祭品別墅讓死者在地府能有住處

關於這項禁忌，在民間還流傳著一個相關的送棺傳聞。

傳聞說，在大陸的一個村子裡，有一個奇怪的習俗，每到七月半，家中有老人還在世的，都會收到親戚朋友送來的棺材，棺材裡裝著紙錢、紙衣，以及紙人。只要在月底將收到的棺材及裝在裡面的東西全燒掉，家中的老人便可祛病消災，延年益壽。

這個習俗讓村裡兩戶賣相應物品的人家發了大財，但是由於平時在生意上的競爭關係，其中一家的兒子總是想盡辦法要為難另一家。這一年，又到了七月半，這家兒子半夜跑去另一家敲門，說要買棺材，另一家當然知道夜裡是賣不得棺材的，於是沒有理他。沒想到，這名年輕人看見門外就有一口，於是扛著就走了。

夜裡扛走棺材的年輕人在接下來的兩三天裡都不曾回家，年輕人的父母卻在某一天的白天收到了棺材。收到棺材後，年輕人的父母雖然感到奇怪，但還是立刻把棺材連同裡面的東西燒掉了。直到後來很久，年輕人依舊沒有再回來過。

村裡人都說，年輕人半夜扛棺材一定是碰到了路上遊魂，被拉去做「替

© ASdqo, Wikipedia Common

▲ 在泰國相當盛行捐棺材來積功德

鬼」成了棺材裡的「紙人」，而被自己的父母連同棺材一起燒死了。

這個詭異的傳聞，真實性並不可考，但傳聞往往來源於現實生活的加工，由此多少可以看出，賣棺人晚上不開工的的行規是確實存在的，並被人們廣為熟知和接受。

除了晚上不能賣棺材，賣棺人還不能睡進自己販賣的棺材裡。活人睡棺，這是非常不吉利的，傳言會沾染陰氣和「不乾淨」的東西，為自己招來禍事。而他們也是不能問顧客「誰死了」或對顧客說「再見」，這被認為是詛咒顧客家中再死人的表現。

由於賣棺人賣的東西實在特殊，所以坊間也流傳著很多關於賣棺人遇到鬼怪的故事，諸如看見蠟燭流血淚，聽見棺材有異動這類，不絕於耳。據棺材鋪的一名老工人描述，他就曾在午夜時分，看到過有「神祕女子」或蹦蹦跳跳的「小朋友」出現，好像是在選棺材，但是一轉眼就不見了。第二天的時候，還真有死去女子或小孩的家屬來買棺材的事，當時真令他毛骨悚然不寒而慄。

◎孝女白琴

在中國傳統的殯葬儀式中，有一個相當重要的環節，叫做哭喪。哭喪代表了家人對死者的留戀，從葬禮開始到結束，都少不了哭喪，尤其是到了出殯時，家人更是需要哭聲震天，響徹四鄰，讓路人也忍不住為之嘆惋，否則，死者便會成為笑柄，其子孫也會被視為不孝。

雖然死者逝去，家人都會傷心難過，但並不是每個人都會以嚎啕大哭來表達悲傷，於是為了不失孝子賢孫之名，也為了讓死者不落人笑柄地風光上路，有些死者的家屬便會花錢請人代替他們哭喪，久而久之，這種代客哭喪發展成一種職業，而出現了專門的哭喪女。

在香港，這些哭喪女稱做喊口婆，在日本則稱為泣女或弔喪婆婆，而在臺灣，她們被稱做孝女白琴。

「孝女白琴」這個名字來源於布袋戲中手持哭喪棒，口唱喪歌，一身素縞，四處奔波為母親尋找靈魂歸依處的大孝女白瓊。由於在臺語中，「瓊」和「琴」相似，於是後來便稱為孝女白琴。

孝女白琴的工作看起來非常簡單，好像只要會哭就行，但事實上，這份工作需要很專業的素質，除了要會哭，還必須懂得掌握好出場的時機、穿著的要求。一名專業孝女，必須能夠邊哭、邊唱，也要學習如何發音，如何口白。臺灣的喪禮場合中，孝女必須會講臺語，而且和平常講話的臺語有些不同。

在臺灣，傳統文化的要求很嚴謹，一般挑好的婚喪喜慶日子是不能隨便改變的。不管當日是颳風下雨，還是烈日炎炎，孝女白琴都需要按時「工作」。對於一般人來說，惡劣的天氣影響不大，但是對於孝女白琴來說，烈日、暴雨的天氣是非常難過的。烈日下的路面，走在上面都覺得燙，就更別說跪在地上了，膝蓋自然非常難受。遇到暴雨，又不能打傘，只能被淋成落湯雞。有時候如果遇上感冒，說話困難，還是得完成哭喪儀式，自然是痛苦不堪。有些有經驗的「孝女白琴」，在開工之前，會替自己準備好護膝，好讓自己少受些苦楚，有人還會準備一些喉糖。

▲ 事實上，在古埃及的葬禮中已有哭喪女出現

除此之外，哭喪也是一件極傷身

心的事情，有職業操守的孝女白琴，表演時會全情投入，哭腔、跪地、匍匐爬行，事事都竭盡全力，因此表演完後，往往會手腳抽搐，心口悶疼，兩眼發黑。時間久了，甚至還會出現手腳發麻的「後遺症」。

時代發展到如今，社會迅速變遷，凡事追求效率，傳統喪葬中許多儀式都被化繁為簡。喪禮也由過去家族操辦，變成了由專門的禮儀公司來代勞。因而，在許多地區，孝女白琴的出場率大大降低，且基於世俗的眼光，以及職業傷害，很多人都不再願意從事這個職業。但在臺灣，孝女白琴仍然有著相當大的「市場」，甚至忙到需要搭車趕場的地步。很多年輕女生都投入到這個特殊的職業裡，其中的代表人物劉君玲更是哭聲驚動ＢＢＣ，引來西方對臺灣「哭喪」習俗的關注。

然而，也有觀點認為，女性被要求必須在喪禮中大聲啼哭和匍匐跪拜，是一種性別刻板印象下的產物，臺灣喪葬禮俗應該在這個問題上做出改善，引導女性們以平靜的姿態面對親人的離世。而如果這將是臺灣喪葬習俗的發展趨勢，那麼在不久的將來，孝女白琴這一職業恐怕也會在臺灣漸漸式微。

◎殯葬禮儀師

自古以來，人們對於死亡就看得非常重要，因為在世人的想像中，一定還存在著另外一個世界，而在死者前往冥界的路上，如果有任何閃失都會帶來不可預料的後果，最為嚴重的便是永世不得超生。正因為如此，活著的人必須為死者做好一切準備，保證死者死後也能萬無一失。於是在古代，落葬前後的禮儀相當繁複，如果是遇到皇家出殯，那就更加氣勢恢宏，幾乎可以和加冕典禮相比。總之，從葬禮的隆重，不難看出生者對死者的眷戀，以及對於鬼神的敬畏之心。

眷戀也好，敬畏也好，在葬禮這樣隆重的典禮上，不是誰都可以掌握好正確的禮儀，於是自古以來便有專門的司儀來主持葬禮，他們必須精通上古典籍中關於生死的闡述，還要熟悉整個葬禮進行的標準流程（任何流程上的失誤都會被認為是對死者的不敬），甚至還要有和鬼神溝通的能力——這一切都是為了讓死者在死後不受打擾。

在古代，葬禮司儀的工作從葬禮開始之前就已經開始，他們會先在自己的家中，或者是在死者的家中設立一個小小的神龕，奉上祭品、作爐焚香，算是先和神明取得諒解，希望自己在主持葬禮的時候不會打擾到神明，也希望神明能對自己賜福。有些時候，這種準備工作也會在寺廟中進行，通常是誦經及禁閉一天。

葬禮開始的時間一般是在早上太陽升起時，葬禮司儀會面向送葬的方向，然後對著持靈位者（通常是家中長子）大聲說道：各行其道，福祿由天。整個送葬隊伍在得到這個指令之後就開始向前移動。如果是大戶人家出殯，隊伍往往會延伸很長，這種時候一名司儀還會不夠用，除了一名主司儀以外，還會有若干助手。因為大戶人家一般都在當地頗有影響，所以一路上都會有各家各戶出門相送，這個時候就會由助手們出面向各家答禮。

在到達最後的下葬地點之前，通常

© Wikipedia Common

▲ 日本封建時期大名的出殯行列

都會經過一座橋，這個時候葬禮司儀會提醒大部分的送葬隊伍在橋頭停住，因為這座橋就是分割陰陽兩界的標誌，除了長子以及抬棺的人以外，其他人是不可以擅自闖入橋另外一頭的世界。

當死者入土、大家都離開之後，葬禮司儀的任務還未結束，他必須在死者的墓前守候一個時辰。這或許看起來有些恐怖，但也是司儀必須履行的職責，因為古人講究「入土為安」，如果死者「入土」之後內心依然有什麼放不下的事情，人們相信會在其下葬之後的短時間內就表現出來，所以葬禮司儀必須承擔起這個責任，照看剛剛下葬的死者的墓，以防死者還有任何在世間未了的心願。

從上述的葬禮過程來看，喪葬司儀扮演著重要的角色，他不僅要熟悉整個葬禮過程，知道在哪個環節需要做哪些事情，還熟知葬禮中需要小心的禁忌，同時他還承擔著某種溝通「陰陽兩界」的任務。

時至今日，喪葬禮儀師在職責上或許發生了某些轉變，但他們依然是一個和死者近距離接觸的群體。現代社會的送葬，不再像古代那樣講究排場，而且從入殮到火化的全部過程都是在殯儀館中進行，也少了許多古代具有迷信色彩的儀式。但即便如此，死亡做為人生的一件大事，依然有許多禮儀需要遵守，也就依然需要喪葬禮儀師的出現。

現代的葬禮，很難再見到長長的送葬隊伍，取而代之的是在殯儀館或者是在家中進行的追悼儀式，而喪葬禮儀師正是這個儀式上的主持人。做為主持追悼會的人，必須事先對死者的生平有足夠的了解，這樣才能在進行追思活動時掌握好整個儀式的節奏，知道該在什麼時候突出死者的某項優點，又或是在某個特定的時候列出死者某項人生成就。如果一名喪葬禮儀師只是按照某種固定模式念稿，那肯定是不合格的，在合格的禮儀師眼中，每一個生命的逝去都是值得惋惜的，在這最後的儀式當中，死者的生命也必須得到尊重，其中包括了對他生命的回顧。

© Winertai, Wikipedia Common

▲現代社會的送葬從入殮到火化的全部過程，都是在殯儀館中進行

喪葬禮儀師另外一個必須具備的能力，就是對死者親屬情緒的引導能力。在葬禮或者是追悼會的現場，死者親屬的情緒往往容易失控，悲傷自然是最容易被觸發的情緒。面對這樣的局面，禮儀師要做的就是注意每個人的細小變化，當現場情緒已經陷入悲傷時，就不能再用過分煽情的字眼，而是用盡量平和的語氣引導人們平靜地接受，或者是將人們的注意力引導到其他的地方。

除此之外，一名專業的喪葬禮儀師，還應該是一個富有經驗的交流高手，可以和死者家屬進行單獨溝通，讓他們在殯儀館這類沉重場合，不至於過分壓抑自我，甚至帶來心理上的陰影。

◎火化師

隨著火化替代了土葬，在遺體告別儀式結束後，死者的最後一程，也轉變成被送到火化間。悲痛欲絕的家屬這時通常會緊緊跟隨在遺體後面，淚流滿面。在火化間外面有兩條通道，由玻璃隔開，家屬只能止步於外通道，看著親人的屍體經由內通道被運到火化車間。

遺體被傳輸到火化爐後，爐門就被關上，一旁的火化師也開始了工作。他按下火化爐上的「點火」開關，爐內馬上燃起大火。約一個小時後，一具屍體就變成了骨灰，這成了這個人留在世界上最後的痕跡。而火化師，也隨之又投入到燒下一具屍體的緊張工作中。

在很多人眼中，火化師所做的不過是將遺體推進高溫焚化爐的簡單工作，只要不怕屍體，誰都做得來，但其實不然。一具遺體的火化時間通常是半個小時，但如果死者死亡時間比較久，那麼火化時間要用上半小時到一個小時，這段期間，火化師要注意焚化爐裡的風量、火量，避免引起火災。據新聞報導，奧地利南部格拉茨市一處火葬場曾經

© Wikipedia Common

▲ 日本江戶時代的火葬

火化一名體重超過兩百公斤的女子。由於該女子脂肪較多，導致焚化爐內的溫度驟然升高，而將焚化爐燒壞。

在東方，關於死亡的禮節很多，火化的出現淡化了很多喪禮細節，但是做為替死者送最後一程的火化師，他們不僅承擔著送死者好好上路的職責，還需要完整地將死者的骨灰送到家屬手上，將對死者的思念留給家人。火化師除了要完成火化的過程，更重要的是，

© Wikipedia Common

▲峇厘島烏布貴族成員的火葬現場

要有人情味，要懂得「送君一程」的道理，這就是為什麼火化師在將遺體推進火爐前，會跟遺體說說話的原因。火化師一般會告訴死者，現在即將進行火化，離苦得樂，早登極樂等話語，希望死者走好，家屬也從傷痛中解脫。在把遺體推進火爐後，火化師還會向死者一鞠躬，說：「請您一路走好！」

而在臺灣，通常親屬會陪伴死者至火葬場，在將棺木推入火化時，會在旁喊道：「○○○火來了，快走喔！」或是「快跑喔！」讓死者的靈魂不受火燒之痛。

常跟屍體打交道，火化師們也難免會遇到一些不足為外人道的詭異現象，比如屍體突然從火化爐中坐起的事情。事實上，這事雖然聽起來如詐屍般靈異，但卻是能夠合理解釋的科學現象。由於焚化爐溫度都會很高，屍體被送進去以後，面對突然升高的溫度，肌肉和血管神經會條件反射牽拉屍體坐起，只要靜待一會兒，一切便又會重新恢復正常。

然而，異象不常有，慘像卻常見，並不是每一具送到火化師面前的屍體都經過入殮師修復過，完整而可直視的。事實上，由於入殮師的費用較高，一次入殮服務費需要臺幣兩萬三千元左右，並不是每個死者的家人都能負擔得起這筆花費。所以，一些慘不忍睹的屍體經常未經修復便直接運送過來。曾有一名從高樓墜樓身亡的死者，被家人送至火葬場時，其遺體基本跟一團血肉模糊的肉泥沒有什麼區別；又如車禍現場運來的死者，眼珠垂吊在眼眶外，或者頭部已被碾得扁平、整張頭皮被掀開，種種怵目驚心的畫面，對火化師來說，已經是見慣不怪了。

同時，在火化師工作的太平間，傳言都會有一兩間平房裡放著無人認領的屍體，據說這些無法安息的屍體怨氣很重，以致整間平房四周都沒有人敢靠近。然而，火化師們由於工作的關係，常常不得不在半夜從這些平房門前過往，偶爾傳來響動，即使是自己發出的聲音也會被嚇到。如果不確定聲源，那便更是詭異，想想都不寒而慄。

Chapter 2

就是跟你賭命！

職業殺手——每條生命都貼著價格標籤

◎殺手的歷史演變

王家衛導演的《東邪西毒》中，有這樣幾段臺詞：

「總有些事你不願再提，或是有些人你不想再見，有的人曾經對不起你，也許你想過要殺了他們，但是你不敢。哈，又或者你覺得不值。」

「我有個朋友，只要你隨便給他一點銀兩，他一定可以幫你殺了那個人，你考慮一下。」

上述短短幾句話，簡單地勾勒出這種職業——殺手。

我們做為尋常之人，雖然沒有見到殺手，但是對這一稱謂卻並不陌生，甚至還心懷恐懼。無數的文學或者影視作品裡，都對這種職業有著深入而細緻的描述，就連司馬遷的鴻

© Wikipedia Common

▲ 荊軻刺秦王畫像石。荊軻是中國古代的著名刺客

篇巨制《史記》中，殺手都占據了一席之地。

《史記》中的〈刺客列傳〉篇是古時有關殺手的最早記載，該篇中詳細記述了曹沫、專諸、豫讓、聶政和荊軻的刺殺事蹟，從所記載的時間來看，遠在春秋戰國時期，殺手已經悄然出現。

不過，那個時期的刺客大多有著為國捐軀的信仰和理念，殺人的動機也大都是為了國家黎民而非私利。所以，每當提起他們，往往都是以正面形象示人。但物換星移，當刺客演變成為殺手，當殺手成為一種職業，其定義和遠古時期已經有了很大的變化。

現在所謂的殺手，是指接受他人的委託，去殺害特定對象的人。一般來說，他們都不會做白工，都得收取一定的費用，而且通常收費不便宜。像《東邪西毒》裡只收取一籃子雞蛋就去殺人的殺手，或是像古代僅為報知遇之恩便去赴死的殺手，基本上在現代的現實中是不可能的事。

與古代刺客比起來，現在的殺手很少會單打獨鬥，一般都會依附於某個特定組織。而且他們精通一種或者幾種殺人武器，還善於偽裝。平日裡看起來非常和善的大叔，他的真實身分很可能是殺人不眨眼的職業殺手。

雖然身為職業殺手，但他們卻並非整天都在忙於殺人。事實上，他們中的大多數人都擁有和我們一樣的正常生活，甚至有的人在白天還會有一份專職的工作，每天朝九晚五擠公車。

由於職業本身的非法性，這些人一般都非常低調，毫不招搖，而且很少會有正式的婚姻，刀尖舔血的日子有牽掛就等於是有桎梏，這是做為一名殺手的大忌。

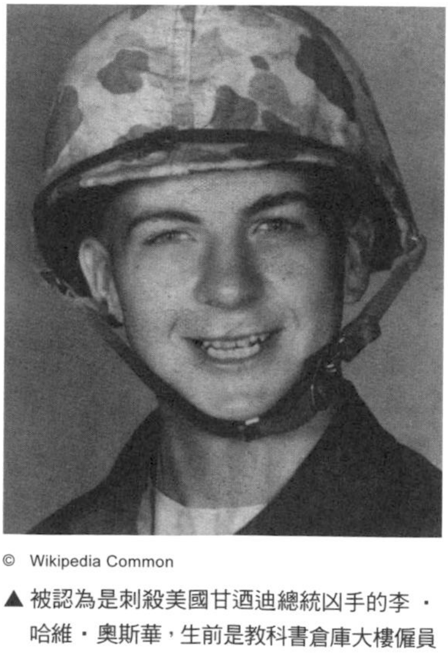

© Wikipedia Common

▲ 被認為是刺殺美國甘迺迪總統凶手的李．哈維．奧斯華，生前是教科書倉庫大樓僱員

◎殺手養成之路

據記載，在古代中國想要成為一名職業殺手，他們所要學到的規矩是極為嚴格的。當他還在幼童之時，如果被選定為殺手接班人，首先會將他的一條手臂折斷，棄之路邊，等待被人撿拾回家收養。然而，因為身有殘疾，又非親生骨肉，往往會被不人道對待，或被鄰人恥笑，讓這小小孩童的心靈遭受種種重創，整個人心冷如鐵。直至這個孩子的冷漠心性穩固，才由其生父將孩子帶領回家，開始訓練其武藝。

如果你覺得上述方式還不算狠，古時還有一招，其手段可以說是令人髮指。

老殺手會帶著新手選擇一個新葬的墳地，點上香燭祭拜後，挖出屍體，讓新手背上，一路步行，來到訓練場地。然後，老殺手將屍體綁縛於樹上，給新手一把刀，指出屍體上的部位，讓新手反覆刺入，務必要刀刀進肉且刀刀命中為止。新手在這種鍛鍊下，心中再無一絲溫情可言。

當新手已經可以完全精準刺中屍體的任何一個部位，那麼這具屍體也就失去了其特有的功效，老殺手便會做適當處置。然而，這種以屍體練刀法的程序並不會因此而終止，這只不過是完成了一個階段而已。三年後，當新手變成了熟手，他仍然要重複盜墓背屍的過程，並且這一次，他還要忍受飢餓。

當一個餓了一週的人，渾身無力而心存不滿之際，他再次面對手無縛雞之力的屍體時，會將不滿發洩到這個原本與他素不相識的人身上，據說用這種方法訓練出來的殺手，刀刀都帶有戾氣，久而久之，全身上下會有著陰森森的寒意，令旁人距離很遠就能感受得到，這也便是傳說中的「殺氣」。

如果說，這種中國式的殺手訓練方法充滿了血腥，那國外的職業殺手培訓則更加令人瞠目結舌。

義大利的西西里島（Sicily）上，有一個專門培訓職業殺手的基地。在那裡，殺手除了接受一些入門訓練，還有幾項是人們從所未聞的。比如說，兩人徒手相搏，在用手掌砍斷對手鼻梁的時候，力求將碎掉的骨頭擠進對手的腦部，試圖一招斃命。

在手中有刀的情況下，只去攻擊對手的雙耳，務求在短時間內，把利刃插進對方的耳中直至腦部，快速讓被攻擊方成為一具屍體。

甚至他們還會學習人類骨骼的走向，好使得被殺者在任何武器的攻擊下，都不會再有生還的可能。

而在日本，對殺手的要求更是嚴格，殺手所受到的培訓也極為細緻。日本的殺手大多使用冷兵器，這些猛然看去根本分不清楚用途的兵器，在其培訓之初，會讓他們吃盡苦頭。

據說，這些兵器裡有一些兩面皆有刀刃，殺手在開始練習之際，若刺敵不成功，自己也會深受其害，輕則流血不止，重則傷及肢體，造成終生的殘疾。在日本殺手培訓者的眼中，如果你不能一招制敵，無異於就是一個失敗者，而日本對失敗之人，素來就毫無憐憫之心。

總之，無論是中國還是外國的職業殺手培訓，唯一的目的就是讓被害者死去，不會為對方留下一線生機。

◎花樣百出的虐殺手段

當殺手經過統一培訓之後，等待他們的唯一任務，就是殺人。雖然殺手在進行培訓之際所學習的科目並沒有什麼區別，然而在臨場發揮時，卻會因為個人的特點，而為被殺者製造出各式各樣的恐怖死法。

美國一名殺手被業內人士稱為明星殺手，他槍法極準，但是偏偏有個怪癖，就是每當他接到指令要去殺一個人時，往往會故意讓被害者看明白他的意圖，當被害者出於恐懼而拚命逃脫時，他會憑藉著自己超強的長跑能力在後緊緊跟隨。

被害人四處逃竄，他則不緊不慢地尾隨，讓對方擺脫不了他的追蹤，直至對方因為害怕和疲憊而無力掙扎之時，他才緩緩地走上前去，用槍指著對方的頭部，在對方絕望的雙眼注視下，扣動扳機。

而美國的另一名殺手，則喜歡用怪異的方式去處理被害者。當他出現在被害者面前時，往往赤手空拳，讓對方放鬆警惕，以為自己性命無虞。就在被害者鬆懈下來之際，他會突然使用讓被害者措手不及的方式結束對方生命。

據說，他經過調查得知被害者怕水，於是他便帶著被害者來到一個水塘邊，反覆地將被害者扔入水中，享受對方在水中尖叫連連苦苦掙扎的模樣，最後眼睜睜地看著他緩緩沉入水底。

如果這些手段還僅僅屬於殺手的正常範疇，那麼伊斯蘭暗殺團的職業殺手的「巫蠱之術」殺人法，無疑是投鼠忌器，不僅害死了別人，同時也蠱惑了殺手本人。

伊斯蘭暗殺團素來喜歡使用匕首和毒藥，讓被害者身亡。他們的毒藥不僅用在被害者身上，還會在殺手未知的情況下，頻繁地使用在殺手的身上。

伊斯蘭集團的殺手大多是在兒時就被收留在山上，並從來不許他們私自下山。當他們長大成人，集團首腦就會在他們的食物中放入迷幻毒藥，並將他們帶入山腳下那富麗堂皇的王國。待他們清醒後，立即告知他們，這裡就是美麗的天堂，等他們享樂過後，又施以迷藥毒倒，帶回山上。

然後，每當派遣殺手出去執行任務時，集團都會告知殺手，一旦身亡，就會回到那個曾經去過的天堂。於是，這些殺手在殺人之際，不僅凶狠，無所不用其極，還奮不顧身，只想一心戰死，好能重返天堂。

▲伊斯蘭伊斯瑪儀派（Ismaili）支系尼查里派（Nizari）的異端，祕密暗殺組織阿薩辛派的創始人哈桑・沙巴

◎世界各國的著名殺手組織

有人曾經說過，殺手還不算可怕，最讓人膽寒的是他們背後那規模龐大的殺手組織。世界上有名氣的殺手組織屈指可數，但是他們所做下各種犯罪案例，卻數之不盡。殺手組織中最有名氣的當屬俄羅斯的殺手集團「索切夫幫」（Solntsevo）。

索切夫幫所招募的殺手中，有很多都受過專業訓練，他們不僅殺人時手段殘忍，殺人後毀屍滅跡的手法也極其冷酷而恐怖。

其中最為令人髮指的是，當受害者被殺害後，為了避免留下證據，殺手們會事先選擇好一處正在施工的路面工地，夜深人靜，施工工人早已經下班回家，空蕩蕩的空地上工具一應俱全，應有盡有，殺手會把屍體扔進早已經挖好的路面裡，然後慢條斯理的填滿沙子，鋪上水泥，最後澆築上瀝青。更讓人意想不到的是，殺手組織竟然還會使用壓路機將整條路處理得光滑且平整。當修路工人第二天來到施工現場時，只會慶幸是哪個施工團隊施工錯地點了，根本就沒有想到，在這平整的路面底下，有一具再也讓人找不到的死去冤魂。

與索切夫幫殺人手法的完整、謹慎相比，美國的謀殺有限公司則有些肆無忌憚的狂妄意味。

謀殺有限公司是上世紀三、四〇年代活躍於美國的一家職業殺手集團。原本這個集團是由犯罪集團「犯罪辛迪加」（crime syndicate）所創立，但是由於阿比・萊利（Abe Reles）的加入，使得這個集團成了一個令人膽寒的殺人組織。

這個組織素來以報酬分明而著稱，按照當時的價碼，職業殺手每殺掉一人，就會獲得一千到五千美元不等的報酬，甚至連他們的家屬，都可取得數目不等的安家費用。正因為沒有後顧之憂，所以隸屬於謀殺有限公司的殺手們才會肆意妄為，膽大包天。

與以上兩大殺手組織相較之下，伊斯蘭教的木剌夷（Mura'i，即阿薩辛派）組織

© Wikipedia Common

▲謀殺有限公司殺手阿比・萊利

雖在名頭上稍遜一籌，但仍然算是當時世界上較為活躍的殺手組織之一。

木剌夷是伊斯蘭教的一個極端派系，木剌夷的聲名鵲起和它所暗殺的對象有著很大的關係。因為它主推政治謀殺，其暗殺目標皆是當地最為著名的政壇人物，而且木剌夷殺手在行動之前，會事先把浸滿毒藥的匕首放在被害者的枕頭下面。這種有恃無恐的作風，在相當長一段時間內，讓世界各國的政要都非常恐慌。

殺手這個職業實際上就是在金錢的蠱惑下，將原本跟自己並不熟悉的兩個人之間的矛盾，用剝奪掉其中一個人生

▲ 阿薩辛派的主城阿剌模忒堡，波斯語的意思是「鷹的巢穴」

命的方式，做為終結。人們在希望世界和平的同時，也在心底默默地牴觸著這個職業，所以才會在各種影視作品中，試圖給殺手一個不完滿的結局。當這個世界真的不再充滿以暴制暴，那麼相信自然一切都會向上而美好。

賞金獵人——槍口時刻滾燙著

◎不獵「物」只獵「人」的賞金獵人

在一些古裝電視劇中，常見這種情節：一群人在城牆下圍得水洩不通，牆上貼著一張布告，上面畫著朝廷追緝的要犯畫像或是權貴們想要得到的奇珍異寶，畫像下，寫著做到要求後所能得到的賞金。此時，人群中往往會有人上前去撕下布告放進懷裡，以示這樁任務他接了。這個人，就是傳說中的賞金獵人。

時至今日，賞金獵人依然存在，並且一直兢兢業業地在我們周圍工作。只不過，他們謀生的方式有了些許變化。那麼，現代賞金獵人們究竟以何為生呢？這就要從保釋金這個司法概念說起了。

一些被指控的嫌犯，在受審前不願被限制人身自由，這時司法部門為了確保他們庭審時能出庭受審，便會向他們收取一定數目的金錢以做保證，這筆錢就是我們常說的保釋金。

保釋金通常不菲，按照嫌犯被指控的罪行輕重，一般在幾十萬至幾百萬不等，很多嫌犯是完全負擔不起的。這時候，就需要保證人。保證人會提供一份以保證嫌犯出席庭審為目的的保釋保證書，再到保險公司為這份保釋保證書申請提供保險。如果嫌犯庭審時按時出庭受審，這些保證人便能領回保釋金，而一旦嫌犯中途逃跑，保證人便無法領回保釋金。

在國外，如果保證人繳納保釋金後嫌疑人逃跑，而且警方也不一定能將其抓回，這時就是賞金獵人大顯身手的時候了。當賞金獵人成功抓回逃犯，便可分享到保釋金的百分之十到二十做為他們行動的賞金。

在美國，賞金獵人十分普遍，並儼然成為司法系統的一部分，且擁有官方授予的特定稱謂「保釋實施代理人」。他們不僅可以帶著槍械去追捕逃犯，甚至還可以拿到政府簽發的逮捕令，合理合法，師出有名。而且，在執行逮捕任務的時候，擁有保釋保證書的賞金獵人所擁有的許可權甚至比警察還大，只要他們能確定那是嫌犯的住所，便可以在沒有逮捕證的情況下進入。

◎獵人如何「獵」人

事實上，會棄保逃跑的嫌犯，一般都很難尋找，他們不像動物一類的獵物，會有固定的出現場所或時間，讓賞金獵人只需守株待兔便可手到擒來。這些逃跑的嫌犯會隱藏在絕對隱蔽的場所，並知道如何刻意抹去自己可能會留下的痕跡，因此賞金獵人必須要有高於他們的智謀，才能逮捕到他們。

為了迅速、準確查找到這些「獵物」的蹤跡，賞金獵人通常會動用多種手段來大海撈針。例如，調查嫌犯曾居住過的地點、車牌號、車子型號、電話號碼、銀行帳單，以及打探他們的人際關係網絡，找到和他們相熟卻又關係不睦的人，並從這些人口中得到嫌犯的更多資訊。

利用上述手段判斷出嫌犯會出沒的大致範圍和會接觸的大致人群後，賞金獵人便會去相應的地點進行蹲守，並和可能會接觸到嫌犯的人建立聯繫。通常他們會付給這些人一定的小費，當中有人在見到嫌犯時就會立即通知他們。

得到線索後蹲守嫌犯的過程是極為痛苦的，同時嫌犯隨時都會出現，為了不失先機，賞金獵人必須時時保持高度專注力。這種緊繃狀態是持續幾小時還是幾天，往往要看嫌犯什麼時候出現。與此同時，他們還需準備若干套抓捕方案，嫌犯一現身便要迅速採取最合適的一種一招制敵，否則打草驚蛇，要再等到下一次這樣的機會就相當困難了。

由於不是每個嫌犯在遇到賞金獵人後便甘願束手就擒，所以賞金獵人都會隨身帶上各種武器，像槍械、催淚瓦斯、辣椒醬等。但賞金獵人會盡量不使用武器，一方面這和他們的職業操守有關，另一方面，傷害了逃犯他們便會拿不到錢。

這個時候，經驗豐富的賞金獵人便會用巧不用強，採取攻其不備出其不意的戰術，喬裝成服務人員或者是路人問路，騙取嫌犯們放鬆警惕，與之接近，然後突然掏出手銬將其抓獲。據說，抓捕逃犯從不用槍的美國著名賞金獵人杜恩・李・查普曼（Donne Lee Chapman），在抓捕棄保潛逃的化妝品帝國繼承人安德魯・盧斯特爾（Andrew Luster）時，就曾巧妙地混入人群中，並繞過他的保鏢，向

© Wikipedia Common

▲非裔巴西賞金獵人在追捕逃跑的奴隸

他噴射胡椒粉，最終抓獲了他。

成功抓到逃犯後，賞金獵人的任務還沒結束，他們還需要千里迢迢地把嫌犯送到最初抓捕他們的地方去，有時候嫌犯逃得太遠，賞金獵人甚至要驅車千里遣送他們回去。

◎賞金的代價

一名經驗豐富的賞金獵人，一年大概會接手八十到一百五十個追逃任務，按照保釋金百分之十到二十的報酬來算，一年便會有大概五到八萬美元的收入，相當於中產階級的水準。然而，在這個收入的背後，是每週八十到一百個小時的辛苦工作，以及這之間所要遭遇的種種風險。

第一重風險，來自於嫌犯。如前文所說，並不是每一個嫌犯在遇到賞金獵人後都會乖乖束手就擒，一些嫌犯往往會負隅頑抗，以命相搏。所以，對於賞金獵人來說，雖然不會輕易掏槍，但卻要有「時刻準備開槍幹掉他們」的意識，一旦必須「幹掉他們」，便要比嫌犯掏槍更快，射擊更準確，否則就只有死亡。杜恩・李・查普曼就曾說過：「我能隨時打死任何一個我面前的罪犯。」

第二重風險，來自於法律。雖然賞金獵人在自己國家大多數地區是合法的，但是一旦追捕嫌犯出了國界，他們便要受到當地法律的限制。如果當地禁止賞金獵人活動，那麼賞金獵人的抓捕行動便是違法的，最高會面臨五十七年的監禁。杜恩・李・查普曼在墨西哥追捕安德魯・盧斯特爾時，就因為當地不允許賞金獵人活動，而違反當地法律被投入監獄，交了一大筆保釋金後才被放出來。而頗為諷刺的是，由於查普曼最後沒有按時出席庭審，他也變成了一名逃犯。

第三重風險，來自心理。四海為家，亡命追凶，為套線索廝混於魚龍混雜之地，賞金獵人往往會承受巨大的心理壓力，變得「愈來愈渴望死去」。賞金獵人克利斯蒂安・馬特洛克（Christian Matlo）就曾因為壓力巨大，而兩度將槍口對準自己的腦袋。

即使賞金是以重重風險與痛苦做為代價，但重賞之下出勇夫，卻是放諸四海而皆準的真理。如今，僅美國就活躍著八千名賞金獵人，他們穿梭於逃犯與保證人之間，為司法正義與社會穩定貢獻自己的心力。

傭兵——為錢驅使的殺人機器

◎戰鬥至死的職業殺手

從美國影集、電影裡，或是網路小說、電玩遊戲中，都可以看到各式各樣的「雇傭兵團」，肌肉虯結的彪形大漢駕駛著經過改裝的重型車輛，手握威力驚人的極端武器，出生入死如入無人之境，已經成為大眾對這類組織的印象。

這些小團體大多裝備精良，戰鬥力超群，每個成員都擁有一項令人咋舌的絕技，但凡有雇傭兵出沒的地方，多半是一片血肉橫飛、炮彈轟鳴的景象，這些戰爭機器殺人如割草的態度，總是令人駭然。他們似乎將生死置之度外，又彷彿執著於某一條不為人知的準繩，向來都籠罩著一層神祕面紗，在許多「不明真相」的群眾眼裡，雇傭兵團或代表著殺戮、血腥、不擇手段，或是鐵血、彪悍、充滿豪情的另一種生活經驗，但這都只是他們職業生涯的冰山一角而已。

如果不是戰爭狂人，恐怕很難成為一名雇傭兵，因為他們沒日沒夜地過著刀頭舔血的生活。顧名思義，雇傭兵的意思便是被雇用的士兵，其英文詞源為Mercenaries，意思是「唯利是圖者」。只要付錢，就能得到服務，所謂「天下熙熙皆為利來，天下攘攘皆為利往」，雇傭兵的人生信條是「金錢至上」，誰給了錢，就為誰賣命，甚至誰給的錢更多，就立馬調轉馬頭，去攻擊曾經的雇主，完全沒有中國古代刺客「寶劍酬知己」的高潔風範。

美國雇傭兵界鼎鼎有名的人物范邵，就曾經精準詮釋過這類人的價值觀：「現在只要有人願意付錢給我，我就會替他賣命。我不知道什麼是錯。我可以替雷根（Reagan）[1]效勞，同樣可以為格達費（Gaddafi）[2]賣命。」

暗殺、綁架、戰鬥，也許還會參與政變，不論什麼樣的任務，全部都可以用金錢來衡量。雇傭兵團也許會參與恐怖活動，也許會加入維和行動，這些並非是亦正亦邪的態度，只不過是為金錢驅使而已。無論什麼樣的外部環境，完成任務是他們的第一目標，本著不

1 全名羅納德・威爾遜・雷根（Ronald Wilson Reagan），美國政治家，第三十三任加利福尼亞州州長，第四十、四十九、五十屆總統。

2 全名奧馬爾・穆阿邁爾・格達費（Omar Mouammer al Gaddafi），利比亞革命警衛隊上校，前利比亞最高領導人，曾領導「自由軍官組織」，為利比亞一九六九年九月一日革命的精神領袖，推翻了親西方的伊德里斯王朝，並建立了阿拉伯利比亞共和國。長達四十二年的統治，使他成為阿拉伯國家中執政時間最長的領導者。

達目的絕不甘休的果決，有名的雇傭兵團往往都有良好的信譽，而成為炙手可熱的雇傭對象。

因為政治、經濟以及許多不可言說的原因，許多機構甚至是政府，常常樂於使用雇傭兵，這樣既能達到目的，又不用親自出手，實在是一個不錯的選擇。使用雇傭兵團可以規避風險，只要花點金錢，就能得到情報或取得支持。在一些局勢敏感的國家和地區，想要進行違法勾當時，雇傭兵總是最好的選擇。在政治對壘中監控對手，興風作浪，既能鬧得天翻地覆，又不用負法律責任，同時可攻可守，隨時可以抹銷證據。

此外，政局不穩定的地方往往沒有強大的國家機器，顛覆一個政權有時候僅需幾天時間，這時候武力高超又沒有道德壓力的雇傭兵，便是最好的造反工具。

為所欲為的雇傭兵團絕對是一種不安定元素，它難以控制，充滿變數，又劣跡斑斑，隨時有可能引發軒然大波，但是雇傭兵團並沒有因為時代的發展退出歷史舞臺，反而走上了更加精密化、組織化的道路。有一些西方學者甚至認為在未來的戰爭中，雇傭兵團會成為最主要的參與力量。

為戰爭而生，至死方休，他們戰鬥時是充滿力量的軍隊，戰鬥結束之後又退隱消失，躲藏在陰影之中療傷喘息，雇傭兵注定是一個毀譽參半的傳奇。

◎雇傭兵團的前世今生

雇傭兵這種特殊職業，早在古希臘時代就已經出現，來自不同國家、不同種族的人們被「戰爭」和「冒險」聚合在一起，成為世界舞臺上強有力的軍事力量。

亂世，是雇傭兵團出現的緣由，領主林立，戰爭頻繁的中世紀歐洲，就是孕育出古老雇傭兵的溫床。當時的雇傭兵非常危險，殺人如麻，毫無原則，西方的一些史學家，都用這樣的語句形容十四世紀至十八世紀的瑞士（Swiss）雇傭兵：「他們吃最香的，也是最為聲名狼藉的。」

十四世紀初，一支由西班牙（The Kingdom of Spain）人組成的雇傭兵團戰鬥力超群，受到拜占庭（Byzantine）帝國[3]的雇傭，成為他們攻克土耳其（Turkey）人的利器。很快地，因為沒有支付足夠的酬金，拜占庭人被倒戈的這支部隊反覆蹂躪，色雷斯（Thrace）和馬其頓（Macedonia）被打得烏煙瘴氣。

3 即東羅馬帝國，是一個信奉東正教的君主專制國家。位於歐洲東部，領土曾包括亞洲西部和非洲北部，極盛時領土還包括義大利、敘利亞、巴勒斯坦、埃及和北非地中海沿岸。是古代和中世紀歐洲最悠久的君主制國家。在其上千年的存在期間內，它一般被人簡單地稱為「羅馬帝國」。拜占庭帝國共歷經十二個朝代，九十三位皇帝。帝國首都為新羅馬（Nova Roma，即君士坦丁堡，Constantinople）。一四五三年，被奧斯曼土耳其攻入君士坦丁堡而滅亡。

十五世紀，活躍在歐洲中部的「自由連」，集結了大批流浪的義大利人和德國人，他們可以稱得上是貪婪殘忍的代名詞，毫無組織紀律可言，只要有酬勞，就為之賣命，一旦沒得到足夠的錢財，就立刻一哄而散，劫掠成性，成為一方之害。

當然也有一些紀律較為嚴明的雇傭兵團，當時的瑞士人，就組成了頗受好評的雇傭兵團，到十八世紀時，已經成為遠近馳名的精銳。到十九世紀初期，日不落帝國[4]就雇傭了大量士兵參與他們的殖民計畫，雇傭兵為英國掠奪、占領地盤

© Wikipedia Common

▲ 廓爾喀人英勇善戰，原受聘於東印度公司，被英國徵召加入駐印、緬甸英軍，之後演變為英軍的一支常備部隊

注入了相當大的力量。

中國古代歷史長河中絕不乏戰爭，在這些已經斑斕的畫卷裡，也活躍著雇傭兵團的身影。如東漢的匈奴雇傭兵，晉代的鮮卑雇傭兵，東晉謝家的北府兵，唐代的沙陀軍，明代蒙古朵顏三衛等，都可以說是某種程度上的雇傭兵。和歐洲臭名昭著的雇傭兵團不同，這些隊伍往往為政府所用，成為抵禦外族侵犯的主力，他們曾經創造過歷史，卻也在歷史的塵埃下逐漸褪去了顏色，到現在已經鮮有人提起。

◎應聘神祕職業

雇傭兵如此神祕，不由讓人心生嚮往，那麼，如何成為一名雇傭兵？

許多參與雇傭兵團的人都是為經濟利益所驅使，如退役後仍然身強力壯，卻難以獲得滿意收入的軍人，進入私人軍事公司可以獲得比其他職業高上數倍的薪金。如美國雇傭兵公司在伊拉克（Iraq）的雇員平均日工資為一千美元，獅子山共和國（Sierra Leone）政府

4　指照耀在部分領土上的太陽落下，而另一部分領土上的太陽仍然高掛的帝國，通常用來形容繁榮強盛、在全世界均有殖民地並掌握當時霸權的帝國。文中指的是二次大戰前的大英帝國。

僱傭軍每人每月的報酬約為一・五萬到一・八萬美元，且另外還有一筆很高的人身保險費。

僱傭兵團並非人們想像中那麼「門檻高」，實際上這些組織大多魚龍混雜，形形色色，無論何種職業、何種經歷，都可能成為他們招募的對象。成為僱傭兵的人，共同點只有一個，就是熱愛戰爭。因為戰爭給予僱傭兵生活來源，是這種古老職業賴以存活的根本，渴望戰爭是僱傭兵的人生信條。如果你已經打定主意投身於血與火的熔爐，就已經踏出了僱傭兵生涯的第一步。

一般來說，當過兵的人是僱傭兵團的構成主體，如果做過特種兵，那麼恭喜

© Wikipedia Common

▲ 全副武裝的現代法國外籍兵團

你，離目標又更近了一步。一般來說，海軍陸戰隊員、海豹突擊隊、傘兵之類的，都會成為雇傭兵界的搶手貨。

參加雇傭兵，就是為了參與戰鬥，近身搏擊術不可不學，武器彈藥最好是專家。此外，會開車、會開飛機、會開坦克、會駭客技術，全都是加分項目。現在的雇傭兵團愈來愈正規，在一個團隊中，也需要有不同的兵種進行配合，因此通過初級考核之後，會對新加入的成員進行時間不等的「入職培訓」，之後再分配到不同的部隊中去。

這種培訓往往相當艱苦，因為雇傭兵生涯時時都是以命相搏，想要生存，就必須擁有絕對的實力，因此訓練方式幾近殘酷。因為這些組織大多有極為嚴格的保密協議，因此外人對其內部的資訊知之甚少，但絕對是充滿了殘酷、羞辱與恐怖。曾有《華爾街日報》（*The Wall Street Journal*）的記者撰文記述他的見聞，稱看到一名學員全身赤裸，被吊在營火上烘烤。

如果堅持通過了這些非人的訓練，那麼你將成為一名合格的雇傭兵戰士，進可炸碉堡，退可守隘口，武能千人斬，文可開保險箱！

◎現代雇傭兵組織

愈是混亂的地方愈是充滿了雇傭兵組織，如中東（Middle East）[5]、非洲等地，雇傭兵團都具有非凡的戰鬥力。當今世界上以色列（Israel）雇傭兵數量是最多的，原因在於該國長期戰亂，人人都在槍炮聲中長大，孩子們的玩具也許就是一把AK47[6]，動盪的大環境造就了一大批不怕死，戰鬥力高的人員。

隨著以色列經濟的日益蕭條，人們的生活難以為繼，只好扛著槍加入雇傭兵團，成為冷血的職業殺人機器。以色列軍人原本就經過了嚴格的訓練，工作時極具效率，他們雖然冷酷，卻對雇主十分忠誠，是雇傭兵市場上炙手可熱的人才。許多國家的富翁都願意雇傭以色列人做為私人保鏢，甚至訓練屬於自己的以色列退役軍人部隊。

目前全球有近一百家雇傭兵團企業，曾經世界上規模最大的雇傭兵組織為南非（South Africa）私營武裝公司，簡稱EO。它締造了上世紀末的絕對「雇傭兵帝國」，不過已經在一九九九年煙消雲散。這個組織鼎盛時期人數逾千，大部分由南非和納米比亞（Namibia）招募而來，全都是訓練有素的軍人，並以強大的財力聘請了許多來自南非、北美、歐洲等地的軍事專家，為戰鬥時提供最優的謀略。

ＥＯ公司最輝煌的戰績要數一九九四年，他們派出了一支擁有空中保護及裝甲武力的小型雇傭部隊，幾天之內就平復了盧旺達（Rwanda）的混亂，將幾千萬美元收入囊中，成為雇傭兵團界的傳奇案例。之後的獅子山共和國武裝政變、巴布亞新磯內亞（Papua New Guinea）以及安哥拉（Angola）的平反行動，全都借助了ＥＯ集團雇傭兵的力量。

美國軍事雇傭公司也在業界赫赫有名，雖然他們大多與五角大樓（The Pentagon）聯繫緊密，但他們在本國的業務一般局限於提供商務保安，做為雇傭兵團則基本上活躍在沙特（Saudi）、安哥拉等地，除了進行特殊任務之外，還參與日常幫助培訓當地軍隊，提供空中救援等一系列活動。美國退伍的職業軍人是這些公司士兵的組成主體，有時候他們會雇傭一些非常有名的人物，如曾在一九九一年的「沙漠風暴」[7]中任指揮官的卡文‧弗納（Calvin. Verner），做為美軍駐歐洲部隊指揮官的科羅斯比厄‧布奇‧聖（Close Birger .Butch. St.）等。

5 指地中海東部與南部區域，從地中海東部到波斯灣的大片地區，「中東」地理上也是非洲東北部與亞歐大陸西南部的地區。

6 由蘇聯卡拉什尼科夫設計的世界最著名的突擊步槍。由於其具有殺傷力大、堅固耐用、結構簡單等眾多特點，一度成為包括美國在內的世界各國士兵最喜愛的步槍。

7 一九九一年的一月十七日凌晨兩時四十分，停泊在海灣地區的美國軍艦向伊拉克防空陣地、雷達基地發射了百餘枚「戰斧」式巡航導彈。以美國為首的多國部隊開始實施「沙漠風暴」行動，波斯灣戰爭爆發。

此外，比較大的雇傭兵團還有SI公司、軍事職業資源公司（MPRI）、黑水安全諮詢公司等。

雇傭兵，是一種極為特殊的職業，但他們並非戰爭魔頭，也絕不是烏合之眾，現在的雇傭兵團大多擁有正式註冊的公司，提供各種諸如人員訓練、情報蒐集和個人財產保護的工作。二〇〇三年，聯合國大會曾通過一項法案，禁止外籍雇傭兵這種職業，令雇傭兵活動一度受到限制。但是，在巨大的經濟利益，以及各懷鬼胎的目的驅使之下，雇傭兵之魂並不會就此消失。他們的存在，是人類貪婪與欲望的產物，一旦踏入，便要付出代價，這恐怕也是人類自身前行過程中的必經之路。

© Wikipedia Common

▲ 黑水安全諮詢公司的 MD-530F 直升機在伊拉克巴格達上空支援汽車爆炸案

醫藥從業者——生死臨界地的行者

人人都會生病，生病後，為了解除病痛，人們往往會求助於外界的力量。古時醫學還未萌芽，人們會求助於神靈的庇佑。而後，當神農嘗過百草，醫學初具雛形後，人們便開始求助於醫生。

那時的醫生職責範圍極廣，從採藥到治病到護理，幾乎都是他們一手包攬。隨著後來醫學體系的逐漸完善，分工也逐漸細緻起來，製藥、看病、護理，整套為患者提供服務的流程開始分離開來，醫生不再是醫學從業者的唯一角色，製藥者、護士、試藥人員等等角色開始出現，醫學開始形成了一個完整的產業鏈，並最終發展成為一種行業——醫藥行業。

醫藥行業做為與我們日常生活聯繫最為密切的行業之一，其從業者並不算神祕，但他們特殊的工作環境，以及與之相生的經歷與見聞卻被外界無限遐想，以致他們在人們心目中有了別樣的色彩。

◎醫生

醫生是一種古老職業，在人類歷史中占有極其重要的地位。在古希臘的神話中，醫生擁有專屬的神祇，而在數千年後的今天，醫生在人們眼裡也仍是守護神一般的存在。一個村落，一個小鎮，可以沒有警察，但不可以沒有醫生。

在中國，醫生的前身是「巫」。他們雖然表面上以迷信的形式為民眾驅疾，但實際的治療過程中，他們中的大部分人卻利用了當時的一些藥物經驗和知識，並在實踐中去粗取精。巫教經典《山海經》中，就曾記有大量他們在藥物學方面的認識，而《五十二病方》中也曾記載了許多巫師為人治病的方子，這些寶貴的經驗總結，為後世醫學完全從巫術中分離出來，而奠定了基礎。

到了春秋戰國時期，醫學終於從巫術中逐漸分離出來，醫生進入士的階層，並在唐朝時出現了世界上最早的醫學院——太醫署。而到了宋代，醫學更是大盛，北宋九位皇帝中就有五位對醫學相當熟悉和重視，並在其一百六十七年的統治時間裡，組織了十次大規模的醫書編纂刻錄。值得一提的是，我們現在熟悉的對醫生的「大夫」、「郎中」的別稱，也正是始於這個時期。

© BabelStone, Wikipedia Common

▲東漢時期石雕，內刻有扁鵲用針灸為人治病的畫面

此後，雖然在元、明、清時期醫生的地位又有衰落，但中國醫學卻在前人的基礎和後人的努力下，一直傳承延續下來，並開始日漸走向系統規範，最後逐漸形成如今在世界上獨具一格的醫學體系——中醫。

在這漫長醫學發展史的長河裡，無數名醫相繼湧現，扁鵲[8]、淳于意、華佗、張仲景、孫思邈等等，無一不因他們的精湛醫術而名留史冊。且在歷史的記載裡，他們不僅妙手回春，救病人於危重，還能起死回生。其中，扁鵲「太子屍厥已死，而治之

8 西元前四〇七至前三一〇年，姬姓，秦氏，名越人，又號盧醫，春秋戰國時期名醫。

復生」的事蹟，尤為神奇。

據《史記・戰國策》記載，扁鵲與弟子路過虢國太子行宮時，聽到宮內一片悲泣聲，說是太子突然暴亡。扁鵲於是找到太子的近侍官打聽詳細情況，在得知太子是因邪氣不通，突然昏厥而死之後，扁鵲又連問了幾個發病症狀方面的問題，然後對近侍官說：我能救活太子。近侍官自然是不會相信扁鵲有起死回生的本事，但當扁鵲在未見到太子屍首的情況下，便說中了太子「耳朵鳴響，鼻翼煽動，大腿至陰部尚溫」後，近侍官立刻帶他去見國君。

國君早聞扁鵲大名，「流涕長潸」，請求扁鵲治療太子。扁鵲於是用針在太子百會穴上扎下，不出片刻，本已「死去」的太子便醒轉了過來，其弟子子豹在太子兩肋下又施以藥熨療法，沒想到，醒轉的太子竟然坐了起來，又服了二十天湯藥，便徹底病癒了。

用現在的醫學常識來看，所謂的「太子屍厥已死」，其實不過就是我們現在所說的休克現象，但在醫學條件和認識都有限的當時，扁鵲能僅憑近侍官口述便判別出病症，且迅速讓其醒轉，也確實是相當厲害。由此可見，在醫學發展尚不完善的古代，一名合格的醫生自身所需具備的醫術需要多麼精湛才行。

醫學條件有限時，做一名合格的醫生很難，但醫學發展到今天，有了很先進的醫療器械輔助，要成為一名合格的醫生，同樣並不容易。除了要具備如古代醫生那樣精湛的醫術外，現代醫生更需具備過人膽識，以及能坦然面對血腥、病態、生死的心理素質。

比如戰地醫生。由於戰場上的流彈和火藥會給戰士造成各種無法預知的傷勢，被送到戰地醫生面前的傷患通常是慘狀各異，斷手斷腿、半個頭顱破碎、肚爛腸出等，常人在圖片裡見了都要寒毛直豎的場面，對戰地醫生來說，只不過是家常便飯。

每當傷患送來，戰地醫生都要立刻對傷患進行治療。假如傷患只是被遠距離的槍彈擊中，身上便只會有一個彈

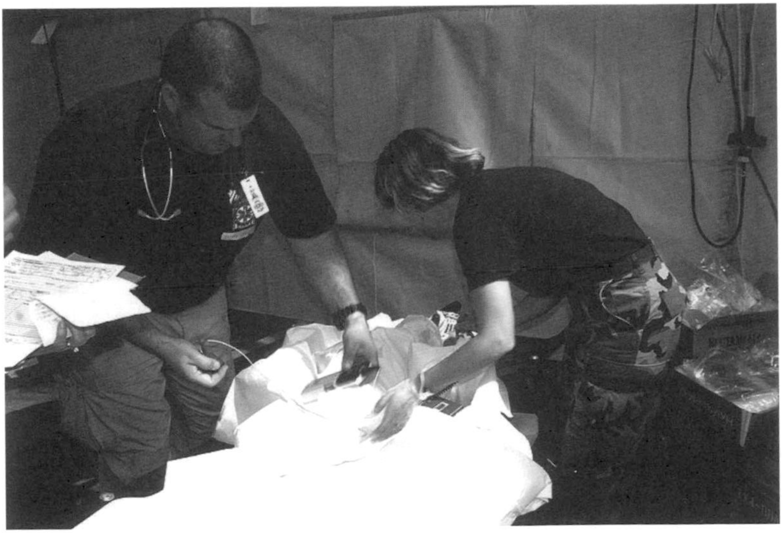

© Wikipedia Common

▲ 需具備過人膽識的戰地醫生

孔，戰地醫生只需要將子彈從傷口中取出即可，但若戰士是被近距離大火力的槍彈擊中，身體會直接被轟出一個窟窿，這時醫生除了取出子彈外，還需要對著血肉模糊、肚腸外翻的傷口進行縫合和處理。

此外，戰地槍林彈雨，戰地醫生即使是在後方為傷患手術治療，也仍無法避免被盤桓在頭頂的轟炸機炸得粉碎的危險，且有時前線出現不能移動的傷患，戰地醫生便需背著急救箱冒死前去醫治，因此而以身殉職的不計其數。

而與戰地醫生冒著同等危險的，還有傳染病區的醫生。他們雖然不用上炮火紛飛的戰場，但他們要上的也許是更加嚴酷的「戰場」。

眾所周知的便是在「SARS」[9]時期，由於疫情來勢凶猛，照顧病患的醫務人員屢有感染病毒而殉職者，其中臺灣首位殉職醫生林重威，犧牲時才二十八歲，剛剛開始職業生涯兩個月，便走完了短暫的一生。

即使不是以上兩種特定環境的醫生，只是在正常環境下工作的醫生，也難免會因為某些不可預料的情況，而在醫療行為中遭遇到恐怖的危險。

二〇一一年，臺灣《聯合報》就曾報導過一起主刀醫生在不知死者有愛滋病的情況下摘取其心臟，結果死者大出血，醫生下半身全浸在帶有愛滋病毒的血液中的驚險事件。

事件的起因從新竹南門醫院接收了一名意外墜樓的邱姓男子開始。這名男子由於傷勢過重，入院後即被判定為腦死，悲痛欲絕的家人在不知其有愛滋病的情況下決定捐贈男子的器官，成大醫院得到通知後，立刻派出包括兩名負責手術的醫師在內的六人移植小組，前往新竹醫院摘取死者的心臟。

手術中，死者的血液噴湧而出，助手還來不及處理，血液混合著手術前為保證心臟不壞死而注入的三千毫升灌輸液噴濺而出，直接導致主刀醫生下半身完全被鮮血浸透，不僅手術衣、襪子上全都是血，就連內褲都被染透。

由於不知道死者患有愛滋病，移植小組仍然繼續工作，心臟取出後，主刀醫生來不及清洗，只將內褲脫下便和團隊一起連夜將心臟交到臺南手術臺，交付完畢後，才想起自己需要去沖洗一下，換身衣服。

直到第三天，成大醫院才得知死者有愛滋病的消息，這對整個移植團隊來說，無疑是驚天噩耗，這意味著，主刀醫生以及參與手術、運送各個環節的近三十人，瞬間成了愛滋病風險群。尤其是主刀醫生，和死者的血液接觸最多，被血水浸透的下半身只要稍微有一

9 嚴重急性呼吸綜合症（Severe Acute Respiratory Syndromes），又稱傳染性非典型肺炎，簡稱SARS，是一種因感染SARS冠狀病毒引起的新型呼吸系統傳染性疾病。

點破皮或者傷口，就極有可能感染上愛滋病。

然而，在醫院這樣一個每天都在上演著生死無常的地方，時時潛藏著各種不可預知，這些都只是醫生們職業生涯中所遇到風險的冰山一角。「這是醫療行為中，一定會有的風險」，成大主刀醫生的這句話，恐怕也是所有醫生在從事這個職業時，一直秉持的心態。

◎護士（護理師）

深夜時分，值班室鐘錶的時針滴滴答答地走著，值夜班的護士拿起住院病歷，朝著住院部走去。走廊兩側的燈光昏黃，醫院靜得讓護士的腳步聲異常大聲。

護士將其中一扇門輕輕推開，屋內漆黑一片，不知是氣息還是空氣流動，護士心中開始惴惴不安起來。此時，職業直覺告訴她，一定有病患出了狀況。

於是，護士立刻將病房內的燈打開，果然看見病患在病床上痙攣不已，渾身都是虛汗，不一會兒便開始口吐白沫，床頭的病歷上顯示，他是癲癇症患者。

護士鎮靜且迅速地按響了病人床頭的呼救按鈕，一邊用軟墊子保護病人的頭部，一邊等待醫生的到來。

靜得可怖的黑夜、病發症狀不忍直視的傷患，這是每一個護士工作中都必然會遇到的一幕，如果人們以為這便是護士所要承受的全部，只需要具備足夠的膽量就能做好這份職業，那麼顯然是對護士這個職業不太了解。

事實上，護士的工作內容是十分龐雜的，除了前文提到的巡視病房外，護士還需要對病人進行基礎護理，對病人家屬的諮詢進行解答，協助醫生做一些基礎性的工作，比如按照醫囑為病人配藥、取藥、注射，參與重病搶救並做記錄，採集、檢驗標本、備血、幫助醫生與病人家屬溝通等，事無巨細，統統需要護士們來處理。

這些瑣碎的事務加諸在護士們身上便是巨大的工作量，每天穿梭在不同的角色中，處理、協調各種事宜，不僅考驗著她們的專業素質，也考驗著她們的耐心和細心。再加上醫院是一個包含了生死萬象，每天釋放無數希望與絕望的地方，護士們工作在這樣的地方，滿目慘狀與萎頓時時給她們帶來負面沉重的心理效應不說，死亡、傳染病、畸形病症等，也時刻在衝擊著她們生理與心理所能承受的極限。

或許很多人會好奇，如此需要承受力的工作，似乎男性更加合適，為何卻大多都是女性在從事這份工作呢？事實上，最早從事護理工作的，還真的全都是男性。

西元前三世紀，在印度誕生的世界上最早期的護理訓練所裡，學員無一例外的全是男性。因為在那個時候人們認為男性才是純潔的，純潔的人才能夠從事護理病人的工作，所以女性是完全沒有機會學習和從事護理工作。

直到西元三三〇年，護理工作才開始有女性參與，不過這些女性主要的工作是協助男護理人員，男性依然是護理人員的唯一就業群體，並開始在戰場救護傷患上發揮重要作用。在十字軍東征期間，就曾出現一批著名的男性護理團隊，如聖約翰騎士團、聖拉薩魯斯騎士團、條頓武士團等。

© Wikipedia Common

▲「耶路撒冷聖約翰醫院騎士團」參與一二九一年的阿卡防衛戰

而女性真正開始從事護理工作，是在十六世紀。這個時期，由於宗教改革，修道會支持的醫院漸漸消失，一些沒有經過培訓的女性開始被新成立不久的醫院招募擔任護理普通患者的工作，而痲瘋病、精神病等隔離患者仍舊由男性來照護。

工業革命後，護理工作開始呈現出明顯的女性特質，大規模的女性開始加入護理工作者的隊伍中，其中最著名的女護士就是佛羅倫斯・南丁格爾（Florence Nightingale）。

南丁格爾從小生長在義大利的一個英國上流家庭，長大後，在文學家、家庭主婦、護士三者間，選擇了護士。十九世紀五〇年代，克里米亞戰爭[10]爆發，英軍傷亡慘重，死亡率一度高達百分之四十二，身為護士的南丁格爾見此，主動提出申請，要到前線擔任戰地護士。

上到前線後，南丁格爾與其他三十八名女性護士組成了救護隊開始竭盡全力地投入到護理傷員的工作中，

© Wikipedia Common

▲一八五四年英國爆發克里米亞戰爭，這場戰爭造就了一位女英雄——南丁格爾

10 克里米亞戰爭，一八五三至一八五六年間在歐洲爆發的一場戰爭。作戰的一方是俄羅斯帝國，另一方是奧斯曼帝國、法蘭西帝國、不列顛帝國，後來薩丁尼亞王國也加入了這一方。一開始它被稱為第九次俄土戰爭，但因為其最長和最重要的戰役在克里米亞半島上爆發，所以後來被稱為「克里米亞戰爭」。

不僅悉心照拂他們的傷病，還排除萬難，努力為他們解決各種生活必需品。每到夜晚，南丁格爾總會提著燈巡視傷患，由此，敬慕她的傷患們都稱她為「提燈女神」，更有一些士兵，會去親吻她夜間巡視經過時落在牆壁上的影子，以表達對她的敬意。

從戰爭前線回來後的南丁格爾，開始致力於護理教育事業的發展，並建立了護理人員培訓學校。而有趣的是，其所設立的「南丁格爾學校」，規定只招收女性學員。此例一開，許多護理學校和醫院都開始紛紛效仿，拒絕男性加入，以致二十世紀初的時候，男性護士幾乎絕跡，護士群體以女性為主的局面

© Wikipedia Common

▲ 南丁格爾帶領三十八名護士抵達黑海沿岸的土耳其戰地斯庫臺地軍營醫院

開始形成。

一九一〇年，南丁格爾去世，兩年後，國際護士會為紀念她為護理事業做出的貢獻，倡議以南丁格爾的生日做為「護士節」，這也便是「512國際護士節」的由來。

做為護士最具代表性的人物，南丁格爾的一生，完美地詮釋了護士這個職業的真義，而她的精神，也表達了所有從事這個偉大職業的人的共同信念——為人類的健康奉獻一生。

◎試藥員

儘管科技在現代已經如此發達，但是在涉及到人體切身安全的醫藥領域，科學家們依然非常謹慎，因為藥品本身的任務是要治病療傷，小小藥丸服進人體後，會在體內產生效應，因此藥物的品質直接關係到人體的健康甚至性命。所以，醫生在面對重大病情時，開藥總會異常小心，生怕用藥不慎就給病人帶來難以挽回的後果。

有人會問，既然連醫生用藥都這麼小心翼翼，那些在市場上流通的藥，誰來保證它們到底是不是安全呢？其實對於藥物的安全不必過分擔心，因為某種藥物想要真正進入市場，需要一個嚴格而又漫長的檢驗過程，僅是動物試驗就可能長達三至五年，之後還要通過各種各樣的審查，獲得政府的批准之後，才能正式上市與使用。

當然，你可能還會有另一個疑慮：某種新藥對於動物無害，對於人體就一定也無害嗎？關於這一點確實難以保證，所以還必須在人體身上進行試驗，這也帶來了一種特殊行業——試藥員。

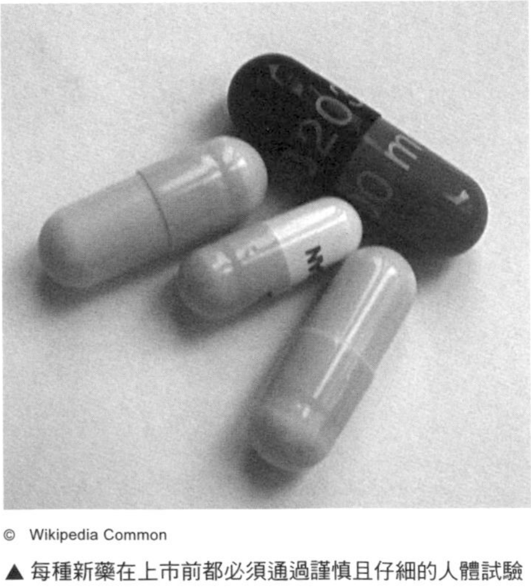

© Wikipedia Common

▲ 每種新藥在上市前都必須通過謹慎且仔細的人體試驗

在新藥被用於人體之前，科研人員會先在動物身上進行試驗，選擇的對象通常是猿猴和豬，因為牠們在基因和生理條件等方面，和人類比較接近，當牠們的試驗結果為良性之後，就需要試藥員登場了。

試藥員通常都是招募志願者，因為試藥的過程中存在著各種各樣風險，而且有些風險是不可預料且不可挽回的。

當然，一種藥物能夠通過動物試驗，就已經證明了至少它不具有致命性的威脅，所以試藥員的任務，主要是測試藥物是否會有不良反應，例如嘔吐、眩暈、抽搐、血壓升高、麻木、失眠、煩躁等。對於普通人來說，出現其中的一種或兩種症狀並不算很糟糕，還可以克服，但是藥物所針對的人群本來就是身體虛弱的病人，假如某種藥物有升高血壓的副作用，而病人本身又是高血壓患者，那就會帶來不堪設想的後果。而試藥員，就是要代替廣大的病人群體，提前測試出所有可能的不良後果。

召集試藥員之後，會集中在測試的房間內，整個測試時間一般都會超過二十四小時，所以房間內會設置床鋪供試藥員休息。在正式測試開始之前，研究機構或者是醫藥公司會和試藥員簽訂協定，試藥員會被要求提供自己的病史和近期的用藥情況，並保證其真實性。當然，試藥員每人也會獲得一份保險。

在試藥員的選擇上，年齡、性別、體重等因素都會有所考慮，通常情況下會均勻地分布。在測試開始之後，試藥員會被分為幾組，每個小組成員服下的藥物在分量和成分上都會有一定的差別，這樣做的目的是為了做對比試驗，以查看不同劑量的藥物會帶來什麼樣的反應。然後，接下來的二十四小時，就是試藥員們最漫長的一天了。

運氣好的試藥員，這二十四小時就跟普通的一天一樣沒有任何差別，在測試房間裡他所需要做的只是正常吃飯，看看書或者聽音樂，然後結束時由測試人員為他測量體溫、脈搏、血壓等資料，針對某些特定藥物，還會進行血液或者是尿液的檢測。之後，試藥員就可以離開——同時還會拿到一定的補貼費用，雖然不算很多，但肯定比一天的平均工資更可觀。

不過，這對新藥適應力佳的試藥員而言是件好差事，對適應不佳的試藥員來說可就苦不堪言。輕微的，比較常見是失眠，甚至有人在二十四小時內都完全無法入睡，由此而來的是情緒的暴躁和不穩定，有些人還會因為無法控制自己的情緒而中途退出測試；嘔吐，則是另一個常見副作用，因為藥物的消化大部分都是在胃中進行，連科研人員自己都還無法完全確認藥物會給胃帶來什麼刺激，因此普通人的胃對於「異物」的侵入很可能會有較激烈的反應，相對地嘔吐變得很普遍。某些藥物還會引起人體泌尿系統的紊亂，直接後果就是頻繁上廁所，甚至可能到了無法控制的程度。

如果試藥員只是出現上述副作用，那麼依然算是幸運的，這些反應只是暫時的，很快就會消退，不會給身體帶來永久性的傷害。但是，如果試藥員不幸地遇到了某些糟糕的藥物試驗品，那麼等著他的就是一場噩夢了。

高血壓是惡性反應中比較多發的，不過只要是年輕人一般還可以堅持過來，頂多只是出現眩暈的症狀，但若出現手腳麻木、呼吸急促、雙目失明等，情況嚴重時，試藥員還會有陷入休克的危險。而某些醫藥公司為了加快藥品研發上市的過程，在藥物安全性還不能得到有效保障的時候，就開始進行人體試驗，這更是導致不少試藥人員在試藥過程中喪失性命。

有媒體就曾經披露，在二〇〇六到二〇一三年的七年間，在印度一共有五十七萬人參與了四百七十五項藥物測試，其中只有十七種新藥最後通過檢查，帶來的後果就是有兩千六百四十四人死於這些測試——死亡率甚至超過了某些癌症。主導這些測試的，幾乎都是西方的大型醫藥公司，而亞洲和非洲落後國家的人民則成了

© Wikipedia Common

▲ 參加美國塔斯基吉梅毒試驗的非洲裔男性

無辜的「小白鼠」，遭受這種不可挽回的悲劇。由此可見，將試藥員列入高危險行業之一是完全不為過的。

另外，在整個試藥員的群體中，還有一個最危險的領域，就是疫苗的試藥員。所謂疫苗，是使用減毒或去活化[11]之後的病毒製成疫苗，以期待它可以在無毒的情況下激發出人體內的抗體[12]，以抵抗那些真正有毒的病毒。但是，這其中存在一個關鍵問題：那些疫苗是不是真的已經去活化了呢？是的，這個時候就又需要試藥員上場了。

疫苗的研製原本就有極其嚴格的過程，正常情況下不會出現任何問題，但世事沒有完全的絕對，一旦疫苗出現問題，幾乎就給一條生命判了死刑。正因為如此，疫苗的試藥員是所有試藥員中酬勞最高的，儘管如此也沒有太多人願意拿自己的生命去冒險。

11 指用物理或化學方式殺死病毒、細菌等，但是不損害它們體內有用抗原的方法。

12 指機體的免疫系統在抗原刺激下，由B淋巴細胞或記憶細胞增殖分化成的漿細胞所產生的、可與相應抗原發生特異性結合的免疫球蛋白。

Chapter 3

戴著面具過人生

線人——刀尖上的無間道

◎既高薪又高危險的職業

夕陽緩緩落入地平線，鋼筋水泥鑄成的高樓林立，遮擋住最後一絲餘光。夜幕低垂，霓虹燈逐一亮起，開啟了愈晚愈人聲鼎沸的紅燈區營業序幕。

從西區街角出現的便衣警察，身穿最普通不過的黑色夾克，步履隨意地朝東區走去。走近一名叼著半根菸，一身棒球服的男子，那男子始終半低著頭，在霓虹燈閃爍的陰影下，顯得有些模糊。他們兩人耳語幾句，最後便衣警察遞給那男子一根新菸，拍拍他的肩膀，不露痕跡地將幾張發皺的鈔票塞到他的上衣口袋裡，之後便大步轉身離開，眼角帶著撥開雲霧見陽光的笑意。

那藏身陰暗中的男子也轉身往相反方向走遠，叼著菸數著手中的錢，再抬起頭用眼角餘光掃視四周，苦笑兩聲後消失在街角。

這男子就是所謂的線人，是警方安排的眼線，用以協助警方收集祕密情報。線人已然發展成為一種特殊職業，不僅出現在各類影視作品中，在現實生活中，線人的覆蓋面也十分廣泛。

線人為警方提供情報並非義務的，之所以能夠衍生為一種職業，是因為線人與警方之間，有一條利益紐帶——線人為警方提供他們想知道的特殊情報，而做為交換，警方也會向線人支付一定數目的報酬。

線人，幾乎每個人都是遊走在懸崖邊上，將頭拴在褲腰帶上過活，稍不注意，線人的身分暴露，不僅自身

© Wikipedia Common

▲ 許多重大刑案都是透過線人的舉報才得以順利偵破

性命難保，就連他們的妻子、兒女、父母，統統都會受到威脅。更不要小看警方所支付的報酬，政府在這一方面的開銷往往超過普通百姓的想像，單就香港而言，政府財政每年會撥款至少五億港幣給警方，用以支付線人酬勞。所以在香港街頭巷尾還流傳這樣一種說法，就是「靠做線人發家致富」。

當然，這可以看做人們的笑談，線人所要面臨的挑戰與危險太多，心智過於脆弱的人根本無法勝任，「有命賺錢，卻沒命花」，大部分線人屬於這種人。

◎「線人」的兩種類型

許多影視作品都曾講述過有關「線人」的故事，香港電影《線人》[1]就是其中具代表性的一部。

因為父親欠下高利貸，妹妹被逼賣淫，為了將妹妹從水火之中拯救出來，何細鬼在出獄後，與警方簽訂合約，為賺取一百萬而成為警方派遣進入犯罪集團的線人。起初，何細鬼對於成為線人十分抗拒，他雖然在入獄前是一名街頭小混混，但仍講究道義，明白線人靠出賣他人而獲取利益，何細鬼不屑去做。但在看到身無分文的自己無法拯救被迫賣淫的妹妹的時候，他動搖了，在面對債主只能被打的時候，他知道自己無論如何都要籌到一百萬還債。

於是他和警方達成協定，每月有高額的薪酬，在破案後還有一定的抽成，只有一個條件，那就是不能毀約。一張簽訂了就不能再回頭的合約，何細鬼身為線人，冒著生命危險去賺錢，去還債。

線人往往孤注一擲，他們用自己的命去賭，賭最後警方會破案，賭破案後自己會獲得一成左右的線人費。

電影《線人》中的何細鬼，還有開頭的那名男子便是線人中最為人熟知的一種，即警方所稱的「黑色線人」。這種黑色線人，大多數是被警方招募的罪犯，成為線人後，與警方形成一種買賣關係，一方負責蒐集獲取情報資訊，另一方用錢或戴罪立功的機會來買情報。兩方在這場交易中各取所需。

能夠成為「黑色線人」的線人，並非只有被警方招募的罪犯，還有因為經濟原因而自願為警方提供情報的社會無業人士。

1 《線人》，林超賢於二〇一〇年導演的香港警匪大片，由謝霆鋒、張家輝、陸毅、桂綸鎂等主演。

與「黑色線人」相對的，是一種被稱做「紅色線人」的特殊群體，他們通常由警方內部的警員充當，也就是一般意義上的「臥底」，在此暫且不提，在後面的章節會有詳細討論。

◎「線人」的職業素養

要知道，「線人」並不是人人能當，他們毫無疑問是極其特殊且神祕的一個群體，這就是為什麼許多人相信，線人只會存在於電影電視劇中。他們所承擔的風險在某種程度上來說是極其巨大的，有時候甚至會是以付出自己的生命為代價。於是，他們也因此而獲得可觀的酬勞。

現實的情況是，大多數線人都常年蟄伏於社會底層，在此期間，他們用各種普通民眾所無法逾越的法律規定範圍外的方法，包括竊聽、跟蹤、偷拍等來蒐集警方需要且有助於破案的情報。有些情報有價值，但絕大多數情報是毫無價值的，即便如此，線人也始終沒有放棄。他們有警方每月支付的酬勞，也懷揣著破案之後會獲得相應提成的願望，就這樣生活在爾虞我詐與欺騙之中。

被線人盯住的犯罪分子中不乏亡命之徒，他們深知自己一旦被警方抓住，面臨的便是永無天日的牢獄生涯，於是為了逃避警方的追緝，他們往往心狠手辣，在發現線人的存在後，深覺背叛的同時，也會毫不猶豫地舉起屠刀，將警方安插在身邊的「線」斬斷。

因此，每年都會有無數的線人慘遭毒手。而這些人的暴露，一方面與警方有關，另一方面也與自己的疏忽大意密不可分。

線人每月都要向警方彙報情況，提供資訊和線索，但線人和警方見面的形式、地點、時間等，都必須慎而又慎，不得疏忽。

犯罪集團內部不乏狡猾之人，他們敏感多疑，能夠透過一些蛛絲

▲人人都可以是線人。設置在威尼斯總督宮前的匿名檢舉箱「獅口」，上面文字為「祕密檢舉任何隱瞞收入逃稅，逃避勞務和義務的人」

馬跡查出線人的真實身分。因此線人不得不提高自己的偵查與反偵查能力，在不暴露自己的身分，保全自己性命的情況下去完成「線人」的職責。

線人，就像走在陡峭的懸崖，步履維艱。他們像是晨昏交界時地平線上的一縷光，灰斑斑，不是絕對的黑，亦不是絕對的白，也許他們自己也不知道自己究竟是什麼立場，站在地平線上，與身後的灰融為一體，在朝陽升起的一瞬間，消弭於天地間，不留一絲痕跡。

特務——只有代號，沒有生平

◎非凡的特務

特務一詞在大多數人的腦海中，首先浮現出的就是ＦＢＩ[2]，神祕而又富有傳奇色彩。但凡與特務這兩個字能緊密相關的人，在世人眼中幾乎都等同於超人，有著我們普通人無法想像的能力。

實際上，特務也的確是一份非凡的工作，他們以保衛國家安全為第一要務，分散於世界的各個角落，服務於各自國家的政府。

在各國的特務組織中，最為大眾熟知的，莫過於美國的ＦＢＩ，但事實上，ＦＢＩ僅僅只是美國特務的一個縮影，美國國家安全局[3]（National Security Agency, NSA）、美國

2 世界著名的美國最重要的情報機構之一，隸屬於美國司法部，英文全稱Federal Bureau of Investigation，英文縮寫ＦＢＩ。「ＦＢＩ」不只是美國聯邦調查局的縮寫，還代表著該局堅持貫徹的信條——忠誠（Fidelity）、勇敢（Bravery）和正直（Integrity）。

3 又稱國家保密局，是美國保密等級最高、經費開支最大、雇員總數最多的超級情報機構，也是美國所有情報部門的中樞。

中央情報局[4]（Central Intelligence Agency, CIA）這些重要的監察部門，才是美國特務的主要聚集地。在這些部門中，有些並不參與行動的內勤人員，也會被外界冠以特務的稱號。

比之其他國家的特務，美國特務算是最有權力而且活動最不受限的一群人了。他們可以視事態的變化，靈活行使自己的權力，不必有過多的擔憂與顧慮。

也正因如此，在美國，特務這種職業幾乎可以覆蓋到任何的領域，無論案件大小，都可以有他們的參與。而一些原本看似簡單的案情，也因為有了他們的介入，往往挖掘出驚人的結果。

© Aude, Wikipedia Common

▲ FBI 總部，約翰 · 埃德加 · 胡佛大樓（J. Edgar Hoover Building）

美國菸酒、火器與爆炸物管理局ATF[5]（Bureau of Alcohol, Tobacco, Firearms and Explosives）曾經接過一通電話，稱當地一家快遞公司的駕駛員發現一個投遞給住戶的包裹裡露出了黑火藥。這原本是一個在美國並不罕見的非法持有火藥的案件，但是當特務參與調查後，案情發生了驚天的逆轉。

特務透過在住戶附近安插監聽設備，以及化裝成學生對住戶進行跟蹤窺探，發現住戶所在的居民區中，居然隱藏了槍彈，且具體數量驚人。由於美國特務可以視事態的變化靈活行使自己權力，面對這一情況，特務立即開始入戶搜查，沒想到，槍彈只是冰山一角，這名住戶竟然還掌控著一個毒品實驗室。

美國特務憑藉自己獨有的權力以及職業敏感，經常在類似事件中，順藤摸瓜，屢建奇功，為美國的安定和繁榮奉獻著自己的力量。也正因如此，在美國民眾的心目中，特務們無所不能、無孔不入，等同於他們的貼身守護神。

與美國特務相比，英國特務則相對神祕得多，很多人都不知道，在二十世紀初的英國居然有特務組織的存在，更沒人知道這個組織的首腦是何方神聖。

4 美國政府的情報、間諜和反間諜機構。

5 隸屬於美國司法部下、負責對菸酒槍炮徵稅、執法和釋法的機構。

直到二十世紀三〇年代，一名對軍情六處相當熟知的英國作家康普頓・麥肯茲（Compton Mackenzie），寫了一本回憶錄詳細介紹了這一所在，才使得軍情六處，以及其首腦曼斯菲爾德・史密斯・卡明（Mansfield Smith-Cumming）本人在大眾面前曝光。

英國軍情六處（祕密情報局）[6]創建於一九〇九年，是專門負責為英國軍方情報部門蒐集國外情報和進行反恐怖活動的特務組織。其第一任掌門曼斯費爾德・史密斯・卡明爵士，就是最為大眾熟知的特務電影〇〇七系列中的主角詹姆士・龐德的原型。

比起銀幕上的詹姆士・龐德，曼斯費爾德・史密斯・卡明爵士的一生更具傳奇色彩，他在任職期間所做出的累累功績，至今仍然無人可以超越。無怪乎外界給他的評價是：此

© Wikipedia Common

▲ 英國作家康普頓・麥肯茲

© Bundesarchiv, Bild 135-S-06-07-32 / CC-BY-SA, Wikipedia Common

▲ 年輕的軍情六處情報員，在亞東地區拍攝的照片

人天生就是為了特務職業而存在的。

當年，在史密斯・卡明的領導下，軍情六處成功破解了德國「恩尼格瑪」（Enigma）密碼系統，並從中得到大量的德軍機密，為終結德國納粹叫囂的「只要用空軍就能戰勝英國」的行動，創造了關鍵性條件。而炸毀重水工廠，破壞德國人的原子彈計畫，則更為史密斯・卡明本人及軍情六處的輝煌戰績，書寫了濃墨重彩的一筆。

和其他國家的特務機構相比，軍情六處有著非常濃厚的人情味。也許是英國人骨子裡有著根深柢固的浪漫，好幾名曾經在軍情六處任職的人員，後來居然都成了名噪一時的諜戰作家。

軍情六處還有個奇怪的傳統，

▲黃金行動。二十世紀五〇年代，美國中央情報局和英國祕密情報局共同發起的對駐東德蘇聯軍隊的竊聽行動

6 簡稱MI6，縮寫自Military Intelligence 6，由於其創始人卡明使用代號「C」，因此一度被稱做神祕的「C」，對外又稱「政府電信局」或「英國外交部常務次官辦事處」，世界四大情報組織之一。其擴展為祕密情報局後，主要負責在國內外蒐集政治、經濟和軍事情報，從事間諜情報和國外反間諜活動，二戰時曾為盟軍提供過不少機密情報。二〇一三年，一名作家向媒體出示有力證據，證明軍情六處策畫了戴安娜王妃車禍事件。

© Tagishsimon at the English language Wikipedia

▲ 軍情六處大樓外觀

無論是誰出任局長，他們出現在機密檔中的形式，都只是「代號Ｃ」。有人說這也許是一個巧合，但是仍然有很多人認為，這是向史密斯·卡明致敬的一種方式，因為在他任職期間簽署文件時，總愛用一個綠色墨水寫成的「Ｃ」字來代表自己。

與美國、英國相比，前蘇聯[7]的特務組織ＫＧＢ（The Committee of State Security，蘇聯國家安全委員會，簡稱ＫＧＢ），則和它的國家一樣，充滿了嚴肅性與嚴謹性。

ＫＧＢ建立於一九五四年，菲力克斯·艾德蒙多維奇·捷爾任斯基[8]為第一任首腦，是與美國的中情局、以色列的摩薩德、英國的軍情六處並稱世界四大情報組織，現任的俄羅斯總理普丁就曾在這裡任職過。

© RIA Novosti archive, image #142949 / Vladimir Fedorenko / CC-BY-SA 3.0, Wikipedia Common

▲KGB總部所在大樓，盧比揚卡大樓

上世紀六〇到八〇年代期間，KGB情報人員大顯身手，不僅大施間諜計把頻繁入侵的U-2偵察機炸了個粉碎，還在盜取德國的「鬼怪式」飛機時，順手牽羊了一枚「響尾蛇」導彈，甚至還精心策畫了一場美蘇核潛艇海底相撞事故，用以竊取機密。

這些僅是KGB特務所做的點滴之事，但窺一斑已知全豹，若不是KGB特務戰績輝煌，KGB也不可能被推上世界四大情報組織之首的重要位置。

與上述特務組織相比，摩薩德（The Mossad，以色列情報及特殊使命局）的存

7 即蘇維埃社會主義共和國聯盟，是一個存在於一九二二至一九九一年的聯邦制國家，也是當時世界上土地面積最大的國家，占有東歐的大部分，以及幾乎整個中亞和北亞。

8 原蘇聯黨和國家早期的主要領導人之一，曾任聯共（布）中央政治局候補委員、全俄肅反委員會主席、蘇聯最高國民經濟委員會主席等職。KGB的創始人。

在，則顯得異常低調。雖然它在世界特務組織的排名上略為偏後，然而在熟知特務職業的人們眼中，摩薩德所做出的成績，並不比其他特務組織遜色。

摩薩德建立於一九四八年，由以色列軍方創辦，自成立以來，就以其大膽、激進、詭祕的行事風格震驚世界。

當年的德國慕尼克血案[9]，因為巴勒斯坦解放組織[10]殘殺了以色列的十一名運動員，而使得以色列群情激憤，隨後長達六年的時光，巴方所有參與此事的人員不是神祕失蹤，就是離奇遇害，而這些事情的始作俑者，就是摩薩德。據報導記載，幾十年前，凡是第二次世界大戰期間窮凶極惡的納粹[11]分子，在之後陸續遭到襲擊與報復的幕後主使，也均有摩薩德的影子。摩薩德因為在這些行動中的驚人表現，使它成為世界情報史上的傳奇。

◎特務的養成

因為特務組織的嚴密性以及所從事工作的多樣性、複雜性，使得特務人員從開始的招募到培訓，直至最後的實戰，這期間要經歷一段漫長而嚴苛的歲月。

而在特務的招募與培訓這一繁瑣的過程中，摩薩德所使用的方法就極具代表性。

摩薩德招募特務的條件極為苛刻。條件之一，對方必須是本國的現役和退役軍人，因為軍人在參軍之初，最先培訓的就是愛國、忠誠。而摩薩德認為，如果一個人不能把愛國和忠誠時刻牢記在心中，那麼他就永遠不配來應徵特務。

尤其對那些將來要負責海外行動的特務，更需經過層層篩選和考驗。就算有些報名人士成長於歐美地區，通曉英語和多種歐洲語言且發音純正，甚至還精通阿拉伯語，都不能成為他們被摩薩德優先錄用的條件。

因為摩薩德認為，所有後天形成的優勢對於一個特務而言，只要經過勤學苦練，必然都能做到。但若一個人的內心不能裝著國家，誓死忠誠，那麼他的條件再優秀，都不會是一個合格的特務人員。

所以，想要進入摩薩德的人，首先要學會的就是國家利益高於一切。

一旦進入摩薩德的候選名單，那麼候選者在接下來的數月裡，便將會面臨各種嚴峻考

---

9 一九七二年九月五日（第二十屆夏季奧運會舉辦期間）發生在西德慕尼克的一次恐怖事件。策畫者是巴勒斯坦武裝組織黑色九月組織，襲擊對象是參加奧運會的以色列代表團，結果該代表團十一人身亡。

10 領導巴勒斯坦人民爭取自己民族權利的組織，簡稱巴解組織。一九六四年五月在耶路撒冷成立。

11 全稱為國家社會主義，是德國國家社會黨的譯稱，是第二次世界大戰前希特勒等人提出的政治主張。納粹主義的基本理論包括：宣揚種族優秀論，認為「優等種族」（即雅利安人）有權奴役甚至消滅「劣等種族」；強調一切領域的「領袖」原則，宣稱「領袖」是國家整體意志的代表，國家權力應由其一人掌握。

驗，尤其是心理測試和背景調查。在這兩種極端嚴格的測試挑戰下，有的人甚至承受不了沉重壓力，而導致自己精神崩潰，需要長期服用抗抑鬱的藥物。

有人曾經這樣形容過摩薩德的魔鬼心理測試：能通過這項測試的人，猶如買了張彩券而中得頭等大獎。由此可見，要通過這項測試的難度有多高了。即使有幸運者憑藉自己強大的心理僥倖過得這一關，那麼也不要慶幸得太早，因為摩薩德還有一項實戰演習在等待著挑戰應試者的極限，那就是背景調查。

據說，摩薩德會要求特務新人去到一個完全陌生的場所，用十五分鐘的時間，蒐集到一個陌生人的職業、年齡、習慣，甚至隱私與祕密等資料。如果新人做不到，或者表現瑟縮，那麼對不起，請你離開摩薩德。

就算應試者以萬分之一的比例成功進入摩薩德，也只是一隻腳踏進了特務職業的門檻，後面還會有更多令人聞所未聞的訓練與考驗，在等待著他們去面對。

當然，每個國家招募特務和培養特務都有自己的方式，但無論方式如何變化，他們的基調都是一致的，那就是忠誠、愛國。

◎職業的代價

如果說，人們無論投身到社會的哪個領域，都將會有功成名就的機會，那麼特務這個需要隱姓埋名的職業絕對是個例外。不僅如此，特務守則上的「要時刻為了更大利益或保密需要，為國家和特務事業英勇獻身，犧牲自己。」這句話，更昭示了投身這份職業的風險。

史密斯・卡明就曾經在從事特務活動中，於法國遭遇車禍，當時車上還有他的兒子。不幸的是，卡明的兒子在車禍中當場喪生，而卡明為了完成肩負的重任，居然用特務專用的鋼筆刀，截斷左腿，忍受著喪子、肢殘的雙重痛楚奮而逃生。

© Oren Rozen, Wikipedia Common

▲摩薩德偷回來的蘇聯米格-21戰鬥機，現存放在以色列空軍博物館

如果，人們認為史密斯・卡明的遭遇只是偶然存在的個案，那麼愛琳・尼爾內（Eileen Nearne）則用一生來講述一名曾經的特務，為這份職業所付出的代價。

愛琳永遠都記得，自己做為一名特務，第一次帶著十八公斤重的發報機乘火車外出時的情景。一名德國士兵問行李箱裡是什麼？「留聲機。」愛琳輕聲回答。儘管對方未起疑心，但為了安全起見，她還是提前下車步行前往目的地。一路走來，愛琳不得不用手捂緊胸口的位置，因為她能清楚地聽見自己的內心因為驚慌而傳來的「怦怦」聲響。

隨著「諾曼地登陸」[12]日益臨近，愛琳為了及時發出最後一份電報而被逮捕。期間所遭遇的酷刑，對於愛琳來講，成為一輩子最傷痛的記憶。

最後，愛琳因為機緣巧合而得以逃生，還被法國政府授予特務的最高嘉獎「英勇十字勳章」[13]。

隨著戰爭的結束，愛琳和多數曾經做過祕密職業的同行一樣，面臨著退役。但當她需要像一個普通人一樣開始真正生活的時候，她卻發覺自己再也回不去了。

曾經的特務經歷，要求他們不能談及過去，更不能肆意地宣洩心中的任何一絲情緒。為了安全起見，愛琳的同行大多選擇離群索居，而愛琳也是如此。

她沒有辦法結婚，因為她無法對自己的伴侶和盤托出自己所做過的一切。因此，她更不會有機會體驗到兒孫滿堂的家庭快樂。她的朋友很少，幾乎可以說是沒有，一直到她八十九歲離世，警方在整理她的遺物時，才發現了那枚「英勇十字勳章」。直到這時，她的左鄰右舍才恍然大悟，原來這個一直沉默寡言的古怪老婦人，居然是個有故事的人。

所有關於特務的事蹟，像史密斯．卡明和愛琳這樣能保存到今天的，僅只是鳳毛麟角，且幾乎無一例外的，都是在他們過身之後，才慢慢地被發掘出來。

如果說世間有哪一種高危險的職業，付出和收穫完全不成正比，那麼這些只有代號，沒有生平的特務將占據首席。如果說，哪一類人為了心中的理念與愛國熱情寧願付出畢生而不悔，那麼這些只留下代號，或者根本什麼痕跡都沒留下的特務人員，用自己的一生做出了最好的詮釋。

▲特務的最高嘉獎「英勇十字勳章」

12 第二次世界大戰中盟軍在歐洲西線戰場發起的一場大規模攻勢，戰役發生在一九四四年六月六日早上六時三十分，代號「霸王行動」（Operation Overlord），在八月十九日渡過塞納─馬恩省河後結束。

13 一九一五及一九三九年法國和比利時所設置的軍事勳徽，授予第一次世界大戰期間和在第二次世界大戰中，或在其他衝突中有英勇功績的軍人、民眾和城市，還可頒給外國人和動物。

忍者——來去無蹤的暗夜黑影

◎神祕的夜行者

一豆燈光在偏房的屋內點亮，兩名月帶頭[14]武士跪坐在蒲團上，耳語商議著機密要事。突然間，只見一道黑影一閃，疾如閃電，兩名武士還未來得及握住武士刀，喉頸間便被抹上一條紅線，旋即鮮血噴湧而出，兩人瞬間伏倒在地。

隨後，黑影舉步無聲地走近，從他們懷中抽出一封尚未啟封的信箋，收好後，迅速從窗口攀上屋頂，遁入房屋四周的樹林，肉眼無法將他和暗夜中的樹葉、枝幹區分開。眨眼瞬間，他已然消失得無影無蹤。

毫無疑問，他要將那封信呈送給自己效忠的主公，而他今夜的任務也只是眾多工作中最尋常不過的一項。

這便是忍者，一個集暗殺、刺探、偵察、破壞為一體的「特種作戰層級」職業。

據日本史料記載，忍者首次登上歷史舞臺，被聖德太子[15]派遣執行任務，是在飛鳥時代[16]。那時候，忍者還不叫忍者，而被稱為「志能便」，隨後的奈良時代[17]，又被改稱「斥候」，而到了戰國時代[18]，其稱呼開始豐富起來，不過流傳最廣的一種，是武田信玄[19]稱呼自家忍者的「亂波」。直到江戶時代[20]，忍者這一稱呼才被最終確定下來，並一直沿襲到了現在。

雖然忍者的稱呼在江戶時代才被確定，但忍者大行其道卻是從戰國時代就開始了。和中國的戰國時期一樣，那時的日本也是群雄並起，戰禍不斷。各種割據勢力和土豪在虛情假意的結盟後，卻又互相圖謀對方的領地，於是忍者這種極具「滲透性」與「隱蔽性」的作戰工具，便受到了諸侯們的青睞，並盛極一時。

14 古代日本有些武士把頭髮前面剃掉一半，後面再繫一個髻。這樣的髮型被稱為月帶頭。

15 生於五七四年二月七日（敏達天皇三年一月一日），卒於六二二年四月八日（推古天皇三十年二月二十二日），飛鳥時代的皇族、政治家，用明天皇第二子。

16 約始於西元六〇〇年，止於遷都平城京的七一〇年，上承古墳時代，下啟奈良時代。此期以政治中心為奈良縣的飛鳥地方（即當時的藤原京）而得名。

17 七一〇年，日本天皇遷都平城京（今奈良），開始日本歷史上知名的「奈良時代」（七一〇至七九四年）。

18 指日本室町幕府後期到安土桃山時代的這段歷史。多數人認為日本戰國始於一四六七年的應仁之亂；至一六一五年，德川家康於大阪夏之陣打敗豐臣秀賴，豐臣氏滅亡，日本戰國時代結束。

19 日本戰國時期名將。官位從四位下大膳大夫，信濃守護，甲斐守護，甲斐武田氏第十九代家督。

20 德川幕府統治日本的年代，時間由一六〇三年創立到一八六七年的大政奉還。是日本封建統治的最後一個時代。

當時，會選擇去做忍者的，多是社會底層的農民，以及從中國、朝鮮移民過去的「歸化人」。因為這些農民和移民多居住在地勢複雜的地方，所以在重山圍繞下的封閉盆地地形的伊賀和甲賀這兩個地方，忍術異常發達。也因此，即使日本忍者流派發展到後來達到四十九個之多，伊賀流與甲賀流也依然是最為卓越的兩派，並在後來彙編出被各派忍者奉為共同教科書的《萬川集海》。

由於農民務農，移民多做手工業，所以出身這兩個階層的忍者的武器也大都由平時所使用的工具演變而來。這些工具既便於攜帶，又不引人注目，必要時，還能用來掩飾身分。譬如德川家康[21]的忍者衛隊，執行監視任務時便會攜帶一些農具假扮平民，而一旦發現監視對象需要擊殺，則立刻將手中的農具當做武器來使用。

當然，對忍者來說，由於其執行任務的特殊性，不只是拿在手中的武器，其裝束也是大有玄機的。

通常，忍者出任務時都會穿上一身深藍色的衣服，這樣他們的輪廓才不會在黑夜裡顯得特別突出，隱藏的時候才不易被敵人發覺，而在衣服的口袋裡，忍者們一般會未雨綢繆放上一些遭遇危險時可以用到的急需品，譬如急救藥和火藥等等。至於能置敵人於死地的暗器，則統統都藏在手套和腿上纏繞的白布裡。

除此之外，忍者看起來相當累贅的褲子也是大有用處，在關鍵時刻，那從脖子上一直纏到胯下，再綁回腰上的長長的兜襠布，其實是可以被臨時抽出當做繩子或綳帶，助忍者逃命或止血用。

忍者靠著這些，在任務中一次次全身而退，在當時的日本民眾心中留下了相當神祕的印象。然而，由於出身不高，即使是武裝成這樣出生入死，完美地替領主完成任務，其地位也依舊極其卑微。

© Wikipedia Common

▲ 多次挽救德川家康性命的傳奇忍者服部半藏

同是效忠大名，武士尚可稱做「家臣」，但忍者卻只能稱做「家奴」。而待遇，自然也和傳統武士有著天壤之別。多次挽救德川家康性命的傳奇忍者服部半藏所拿到的俸祿，也只有八千石，相當於當時武士的一個零頭而已。其地位之低，可見一斑。

21 日本戰國時代末期、安土桃山時代、江戶時代的武將、戰國大名。江戶幕府第一代征夷大將軍，日本戰國三英傑之一，以及傑出的政治家和軍事家。

◎艱辛的修煉之路

飛簷走壁，穿牆潛水，熟使各種暗器，這是忍者在影視劇中留給大多數人的印象。雖然這裡面多少有些藝術加工的成分，並不完全屬實，但與真實的忍者也出入不大。據日本史書上一些對忍者執行任務的描述來看，一名專業忍者，是完全可以做到飛速疾走而不發出聲響，借用一些輔助工具便能在水中待上一天，徒手挖掘地道並能長期潛於此竊聽情報的。而要做到這些，其背後，是極其嚴苛殘酷的訓練。

忍者一般都是家族事業，父輩做了忍者，後代們也不能倖免，無論男女，從五歲開始，都要被迫接受忍術訓練。

由於忍者在執行任務中經常需要藏匿於各種其他人難以想像的位置，譬如屋頂、樹幹、牆上，所以對他們而言，平衡能力

© Samuraiantiqueworld, Wikipedia Common

▲忍者裝束

至關重要。如果這項技能不過關，便很容易在執行任務的時候從隱藏的地方掉下來，進而暴露自己。

為了讓忍者練就這項最基礎的本事，訓練者通常會找來一根圓滑的竹竿，讓忍者在上面行走，每順利行走一次，竹竿的高度便會再拔高一些，一直到竹竿離地三、四十尺，而忍者仍然能在上面來去自如為止。

除了平衡能力，靈敏度和持久度也是忍者必須攻克的難關，為了讓他們能在執行任務時快速出擊與撤離，以及在身涉險境時能長久堅持不倒下，訓練者實施了一系列讓人聽了都覺得不寒而慄的訓練方案。

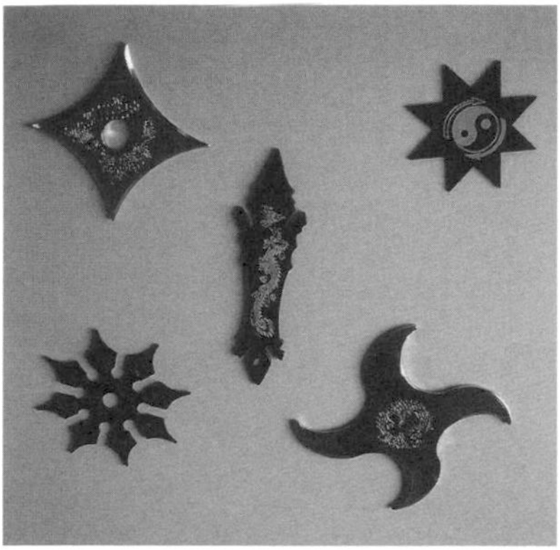

© Wikipedia Common

▲ 忍者的武器手裡劍

首先，訓練者會找來一根布滿利刃的繩索，讓忍者在繩子上來回跑動，或者是在一條曲折的窄道上放置各種尖銳物，讓忍者快速穿行，若是忍者無法靈敏避開這些障礙，不小心踩了上去，那麼必然會血濺當場。

然而，這還不算什麼，為了讓他們具備持久度，訓練者還會要求忍者徒手掛在樹上，再在樹下立滿尖刀，讓忍者只能憑藉著自己的兩隻手來讓自己不要掉下去。如果此時對死的恐懼無法激發出能長久支撐他們的潛能與意志，便只能鬆手摔死在利物上了。

比這個還痛苦的是長跑，必須連跑五十公里而不停下，這種挑戰身體極限的訓練，遠比徒手掛樹上更讓忍者們無法忍受。

相對地，易容與隱身術的訓練則要人性化一點，但要合格卻並不簡單。訓練時，易容後的忍者會在大街上行走，途中每個看見他的人看到的都是不同的他，才算是及格。而隱身則是需要忍者事先挖好地洞，然後掌握時機在煙霧的遮掩下迅速鑽入地洞，做到讓人看不出破綻，以為他是真的隱身，放棄追蹤才算過關。

而最後的體能訓練更為殘酷。訓練中，忍者常常被要求好幾天不吃不動，或者被要求與猛獸甚至是自己的同伴搏鬥，並殺死他們。這些訓練往往都採用「非生即死」的極端淘

© Wikipedia Common

▲ 忍者飛天遁地、在樹林間快速移動是必備且基本的技能

汰制，無法承受的忍者只能提前接受死神召喚。

通過以上這些非人道訓練後的忍者，無論是在精神上，還是在肉體上，都經歷了一次變革和飛越。此時，他們才能夠正式開始自己的職業生涯，成為權貴們手中絕對可靠的戰鬥機器。

◎九死一生的職業生涯

雖說經過殘酷嚴苛訓練，正式走上職業生涯的忍者們，都已經個個能力超凡，但畢竟他們服務的對象是上層權貴，所執行的任務也多是刺殺、竊密等高風險活動，一旦失手，便是身首異處的下場，而就算得手，知道太多機密，雇主們也不見得不會殺人滅口。故而，用九死一生來形容他們的職業生涯，是再合適不過。

在日本歷史上鼎鼎有名的俠盜忍者石川五右衛門因刺殺失敗被虐殺的慘劇，恐怕是大多數忍者職業生涯的縮影。

一五九四年，石川五右衛門潛入位於伏見城的豐臣秀吉[22]的府邸，欲刺殺他。結果百

22 日本戰國時代、安土桃山時代大名、封建領主，繼室町幕府之後，近代首次統一日本的日本戰國三英傑之一。

密一疏，不小心碰到府邸裡一只一碰觸便會鳴叫的杯子。杯子的鳴叫聲驚動府邸的侍衛，他們蜂擁而至，逮捕了石川五右衛門。

豐臣秀吉震怒非常，當即命人將石川五右衛門及其家人一起押往京都的三條河原，用油鍋煎殺，甚為慘烈。據說，煎殺之時，石川五右衛門先親眼看著自己的親人被投入油鍋烹死後，才被投入油鍋。在民間流傳著一幅石川五右衛門父子油煎圖，就這樣描畫了當時其被投入油鍋的場景：石川五右衛門高舉起兒子，自己在油鍋中忍受煎炸，油鍋下熊熊烈火不斷。

© Wikipedia Common

▲油鍋中的石川五右衛門及其子

但實際上，因任務失敗被烹殺還不是最恐怖的，對於忍者來說，任務失敗落入武士們手中，那才是真正恐怖的事情。

在日本，武士大多極其鄙夷總躲在暗處殺人的忍者，一旦忍者被他們活捉，他們便會將忍者剝皮。

相傳有個忍者叫猿飛，被派去一名將軍家刺探機密，當他完成任務離開時，不小心被武士發現，於是他立刻攀越城牆逃走，沒想到在跳落到地面上時，一腳踩上了捕獵的鋼夾無法動彈。眼看武士就要追趕上來，為了不被捉住，猿飛竟一刀砍斷自己被夾住的腿，單腳繼續逃跑。跑出一段距離後，由於流血過多，猿飛已經無法再支撐下去，眼看逃脫無望，為了不受活捉剝皮之苦，竟用劍自毀容顏，再一刀抹下自己的脖子，悲劇地結束了自己的一生。

臥底——探底為生，露底即亡

◎什麼叫做臥底？

臥底一詞由來已久，在古時，臥底被稱做「細作之人」，就連湯顯祖那首最為著名的詞《牡丹亭‧寇間》裡，都存在「你是個細作，不可輕饒」這樣的詞句。由此可見，臥底這個職業的歷史之悠久。

歷史發展到今天，臥底這個職業被賦予了新的定義。現在的臥底人員被稱為臥底偵查員，指的是國家人員，或者是國家追訴[23]機關所委派的指定人員，為了偵查出犯罪方的事實真相，而採取的一種非正常的偵破手段。

雖然臥底的注解只是寥寥數句，然而真正想要執行臥底任務，對任何人來講，都是一項危險而又艱難的工作。

眾所周知，臥底一般是由警察祕密潛入犯罪集團內部。但並非每個警察都夠資格成為臥底，「臥底」的選拔有著相當嚴格的要求。

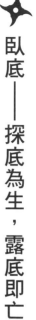

首先，臥底必須是新鮮且陌生的面孔，在警方的新聞發布會露過臉，或曾經參與過抓捕任務的警員統統不列入考慮。這主要是為了避免因臥底人員被犯罪分子認出，而敗露整個計畫的慘劇發生。要知道，這些刀尖舔血的犯罪分子警惕性非常高，他們對所謂的「條子」極度敏感，一些露過面的警員，哪怕只見過一次，他們也能牢牢記住，並在下次見到時一眼認出。因此，「臥底」只能是從警校或者社會中進行招募和選拔，而犯罪分子

© Wikipedia Common

▲ 政治警察臥底在倫敦碼頭

23 對過去的犯罪行為，在法定期限內起訴和追究刑事責任。

完全沒有機會見過的人。

除了面孔新鮮，心細如髮的敏銳與遇事不慌的膽識，以及審時度勢的能力，也是臥底必須具備的特質。臥底人員完成一件臥底任務一般需要兩到三年或者更長的時間。最初的一年裡，臥底人員通常只能在犯罪集團的底層做小嘍囉，直到一年或兩年以後，他們才有可能慢慢接觸到犯罪集團的核心，拿到有價值的情報。而在慢慢靠近犯罪集團核心這段時期，是備受考驗的時機。

這段時期，臥底人員一邊要取得犯罪分子們的信任，參與違法活動，一邊還要搜集大量證據，以備將來裡應外合抓人之際，能讓對方甘於被繩之於法。同時，在得知重要犯罪情報時，還得及時向警局「透風」，協助警局抓捕，這中間如何做到既不被犯罪集團懷疑，又不被不識身分的自己人射殺，極其考驗臥底的綜合實力。一旦不小心審度錯了形勢，陷入犯罪集團的反偵察圈套露了底，等待臥底的，便只有死路一條。

當然，讓一名員警從事如此高風險的臥底任務，警局必然要給予他們優厚的回報。一旦任務成功，除了他們在臥底期間從事的一切違法犯罪活動會被一筆勾銷外，無論是加薪還是升職，他們都將會被優先考慮。

◎真實臥底的刀尖人生

前文說到，臥底因為職業風險高，所以待遇非常豐厚。那麼，究竟臥底的職業風險有多高呢？臥底黑幫的美國警察比利・奎恩的事蹟，或許可以為我們一展端倪。

一九九八年，美國ATF便衣警察比利・奎恩接下了「蒙戈斯爾幫」臥底的任務。接下任務後，為了能快速打入這個組織，比利首先在外形上進行改造。不僅留了一把大鬍子，還全身刺青，騎著一輛破舊摩托車，一開口便是滿嘴髒話。

隨後，他以這副全新形象，更名為比利・聖約翰混跡在洛杉磯一家廉價的摩托車酒吧中，每日酗酒、玩牌、打群架，偶爾接應「蒙戈斯爾幫」的成員在停車場盜取摩托車。漸漸的，他的這些行為贏得了黑幫的信任，沒過多久，便開始零零散散的接到他們所交代完成的任務。

這些任務個個棘手，且不會提前告知內容，通常他們只會在電話裡告訴比利有任務，等比利去了以後，才會告訴他任務的具體內容。殺人、搶劫、收取毒貨……不到行動那一刻，比利根本不知道出門是為了去做以上的哪一件事。

跟黑幫說「不」無異於找死，一旦任務指派下來，就算是去謀殺上帝也必須行動。有一次，比利就接到一個殺人的任務，雖然極不情願，也只好硬著頭皮去了，結果讓比利鬆了口氣的是，那個人最後幸運逃脫了。

當然，比利也遭遇過驚險時刻。在一次偶然裡，「蒙戈斯爾幫」的行動敗露，做為新人的比利首先受到了懷疑。當時，綽號「紅狗」的黑幫成員舉著手槍指著比利的頭說：「假如我現在打你後腦，沒人知道去哪裡找你，對不對，比利？」當時冷汗順著比利的臉頰汩汩而下，他咬緊牙關，冷靜的回答道：「對，你說得沒錯。」

那時，在比利心裡，他已經認定自己這次是在劫難逃了，一旦自己死在這偏僻的角落裡，自己的妻子和孩子也許將永遠都找不到自己的屍體。沒想到，「紅狗」只是虛張聲勢而已，見比利如此淡定，反而決定放過他。當那把手槍離開比利的腦袋，比利渾身癱軟，差一點就放聲痛哭。

就這樣，比利徹底贏得黑幫的信任，與他們開始了長達二十八個月之久的「兄弟」相處。就在這二十八個月裡，比利見識到這個團夥最為罪惡的一面，並被迫參與其中或袖手旁觀。一次，十幾名黑幫成員在卡車後輪姦一名婦女，比利從始至終，冷漠相對，一言不發。

兩年後，比利因為再也忍受不了這種煎熬，終於拿出自己所掌握的證據，直接將「蒙戈斯爾幫」的五十三名成員送進監獄。隨後，被黑幫懸賞兩萬五千美元取其項上人頭的比利，被警方迅速隱藏了起來，並給予他全新的身分和相應的證件。同時，他的妻子和兒子也被轉接到加利福尼亞。

後來，比利因為這次臥底得到了一枚榮譽勳章，並出書記錄了自己的臥底故事。但他在出門時必須槍不離身，因為那些曾經被他送進監獄的黑幫成員們，如今都陸續刑滿地釋放了。

「他們愛比利・聖約翰，他們會為比利・聖約翰提刀征戰。但是他們會殺死比利・奎恩」，這一點，無論何時，比利都深信不疑。

間諜——多面「邊緣人」

◎揭開間諜的神祕面紗

在遠離硝煙的戰場上，有這樣一群戰士，他們比拚的不是武器與裝備，而是誰更具備過人的膽識與機敏的頭腦。他們很少直面槍林彈雨，但他們生存的每一分鐘卻都是一場敵與我的較量。這種在夾縫中生存的職業，有一個神祕的名字——間諜。

如果追溯中國「間諜」起源，大概可以在《左傳》中發現端倪，其中曾記載一句「使女艾諜澆」，「女艾」便是歷史上能夠找到的有記載的最早間諜。

雖然間諜這個工種歷史悠久，但真正被大範圍啟用，卻是在冷戰時期[24]。當時，幾乎所有國家都需要依靠間諜來竊取別國情報，是以，各國都不惜代價地策反彼此間諜。也因此，這些容易被金錢或其他手段籠絡過來的間諜，私下裡也被稱為「鼴鼠」和「投誠者」。

這些「鼴鼠」和「投誠者」根據竊取情報領域不同，被分為兩種，一種是軍事間諜，另一種則是工商業間諜。

軍事間諜顧名思義，就是以竊取軍事情報為目的的間諜人員，諜報機關在試圖派遣此類人員出動之際，都會做好嚴密的部署。首先是選擇適合的人選，而後會為其設計出最利於他行動的掩護身分，然後才能讓他們伺機展開行動。

在軍事間諜活動中，曾經有一個時期，「記者」頭銜成了掩護間諜身分的首選。由於職業性質的關係，他們即使

24 二戰結束後，美國對蘇聯和其他社會主義國家採取了敵視和遏制政策，因此巴魯克說：「美國正處於冷戰方酣之中」。「冷戰」與「鐵幕」一詞同時流行，表示美蘇之間除了直接戰爭外，在經濟、政治、軍事、外交、文化、意識形態等方面都處於對抗的狀態。

© Wikipedia Common

▲ 日俄戰爭時期，在中國正被斬首的間諜

是接觸到一些和情報有關的敏感人員，也不會過分引起反間諜機構方面的注意。當年著名的蘇聯間諜理查德・佐爾格（Richard Sorge）[25]就是以記者為掩護身分，橫行於日本和德國，竊取了無數有價值的軍事情報。

相對於軍事間諜，工商業間諜的職業風險低了許多。但是，工商業間諜對專業知識的要求相當嚴格，因為他們竊取的工商業情報大多與技術有關，如果間諜在專業知識上不過關，那麼他將很難完成上面分配給自己的任務。

當然，隨著人們知識的普遍提高，無論是上述哪種間諜，其用來掩護身分的職業都愈來愈包羅萬象。總而言之，只有人們想不到，沒有間諜做不到。

© Wikipedia Common

▲著名的蘇聯間諜理查德・佐爾格，化名「拉姆齊」（Ramsay）

◎間諜的來源

間諜的招募與特務有所不同，特務主要透過培訓，而間諜人員除了部分是透過專業培訓而來之外，還會採用挖牆腳、顛覆、綁架、心戰等手段，去策反別國的成熟間諜人員，然後，再憑藉強大的金錢攻勢，來讓這些別國的間諜人員為本國所用。因此，在大多數的情報機關裡，金錢是招募間諜人員最常使用的殺手鐧。

以英國為例，在其專門負責間諜工作的軍情五處[26]有一份隱祕名單，上面詳盡記載著各個國家對英國將會有所幫助的，值得培養成為間諜的人員名單。每個人的名字下方，都會精細羅列出此人的收入，以及他日常的消費，並據此換算出他對金錢與物質的欲望值，待到必要之時，便以相應的金錢為誘餌使對方成為本國的間諜。英國專司負責招募間諜的官員，就曾說過這樣一句話：「在我的眼裡，只要是間諜人才，那麼他就一定是有價格

25 德國人，共產主義間諜。在別爾津推薦下，被蘇軍偵察機關錄用。三、四〇年代在德國、日本等國長期為蘇聯獲取有價值的情報。他在日本創建的反法西斯國際主義者組織，為蘇聯統帥部提供了有關德軍侵略計畫和日本軍國主義者在遠東的企圖等重要情報。一九四一年十月十八日被日本警方逮捕，一九四三年九月二十九日被判處死刑，一年後處以絞刑。

26 世界上最具神祕色彩的諜報機構之一，一九〇五年成立，先歸屬於陸軍部，後來由外交部接管，負責保衛英國的安全，應對危及國家安全的祕密組織的威脅。

© Wikipedia Common

▲總部設在泰晤士大樓的軍情五處（英國安全局）

的，無非就是價錢的多與少而已。」

比之英國的不惜血本，一貫以嚴謹著稱的前蘇聯的間諜部門所採用的金錢攻勢，則和他們一貫的作風有著絕對關係。

同樣是以金錢為誘惑對方的手法，前蘇聯採用的是以小博大的智慧性做法。當他們試圖策反別國的有用之人來做本國間諜時，首先會去分析對方的性格。一旦找準了對方性格中的突破口，金錢則成為輔助手段。雖然在他們的條令上鮮明地標注著：人是可以用金錢收買的。但是實際上，他們在間諜身上所使用的金錢數額和其他國家的間諜機關相比，是最微不足道的。

與上述的諜報機關相比，美國的間諜招募就顯得別具一格。在美國的諜報機關門前，經常會有著裝特別的人突然掏出藏在衣袋中的資料，向出入諜報機關的人主動要求上交情報。這類人有一個十分有趣的稱呼，叫做

「米基」式間諜，美國為了接待這種「米基」式間諜，還特意增設了對外服務站。

當然，金錢只是收買間諜的眾多手段之一，在前蘇聯，一些代號為「燕子」與「烏鴉」的男男女女，他們籠絡間諜的手段據說就和出賣色相差不了多少。但無論招募間諜的過程如何，最終目的都只有一個，就是讓這些有利用價值的間諜，為他們的情報事業死心塌地賣命。

◎在恐懼與無奈中浮沉的間諜

俗話說，因利而聚，必將因利而散，被金錢和利益招募來的間諜，當然也會被別國的金錢或利益引誘，而出賣手中的情報。然而，大多數的間諜在因為權色或者利益，出賣自己所知道的祕密後，不僅沒有過上想像中的好日子，反而無一例外的都以慘澹收場。

當年前蘇聯諜戰機關的上校維塔利・尤爾欽科（Vitaly Yurchenko），因為醫生誤診，以為自己患了胃癌，自感時日無多的他，打算充當一回美國的間諜以換取大量金錢，好讓自己與情人過上一段逍遙的日子。

天真的尤爾欽科以為，自己以大量情報做為交換，美國情報機關便一定會為自己的做法保守祕密，但沒想到的是，美國當局卻以此大做文章，讓尤爾欽科不僅顏面盡失，還深深地為自己依然生活在前蘇聯的妻兒擔憂不已。

最富有戲劇性的是，經過再一次的檢查，尤爾欽科並沒有罹患胃癌，而他的美麗情人也因為他的間諜身分最終離他遠去。內憂外患使得尤爾欽科惶惶不可終日，萬般無奈之下，只好選擇重新回歸前蘇聯，去爭取祖國的原諒。

如果說，尤爾欽科這種反覆之舉是出於天意戲弄，那麼美國中情局的被解雇員工霍華德的經歷，則顯得更具諷刺意味。

當年的中情局員工霍華德因為沒有通過測謊試驗，而遭到解雇。原本奢靡的他無法再讓自己過上往日的生活，困頓之中，他把自己手中所掌握的大量情報以間諜身分，透露給了前蘇聯。

霍華德的倒戈，讓美國在前蘇聯辛苦建立起來的間諜網頃刻間便被擊潰，數十名潛伏在前蘇聯的美國間諜也隨之暴露，而相繼遭到逮捕。

就在中情局苦苦查找叛徒時，霍華德手腕上戴著的勞力士金表引起他們的注意。而察覺到中情局已經盯上自己，熟知中情局辦事風格的霍華德立即選擇逃跑。

當時霍華德已經被中情局嚴密監視，他只好提前錄製一段錄音，以顯示他並未走遠，並且故意找來一個假人，給它穿上與他相同款式的襯衫，擺放在駕駛座的位置，製造他正在車裡的假象。

就這樣，歷盡艱難險阻，霍華德終於安全逃離美國，來到了前蘇聯。照理說，他應該可以鬆口氣地生活了，卻被發現在住所裡離奇死亡。

根據法醫判定，霍華德是在下樓梯的時候，不小心摔落，扭斷了脖子而死的。然而，前蘇聯方面卻認定，是中情局對霍華德的死動了手腳。

所以說，一旦選擇做間諜，無疑是為自己選擇了一把雙刃劍，在切割別人利益的同時，要萬分小心別因此而傷害了自己。

Chapter 4

使鬼差神與世界萬物共軌

巫師——魔鬼與守護神的雙面化身

◎雙面巫師

十九世紀末，冬季的黑夜早早降臨在阿拉斯加（Alaska）西部的一個村落，一幢房屋內，燈光未啟，漆黑一片，若不是有月光照入，根本辨不清原來室內正站立著幾個人。這個村落的人們每年都要去霍普角（Hope Point）捕鯨，並以此維持生計。然而去年，村中流行瘟疫，有一戶人家不知今年是否該去捕鯨，於是手足無措地請來巫師為他們占卜。

身著黑袍的巫師取出一頂小帳篷、一盞燈和一具木偶，他先將燈和木偶放入帳篷，旋即關起帳篷的門，開始在裡面一邊擊鼓一邊唱歌，曲調時而壓抑時而悠揚，詭異異常。

過了不久，他點燃帳篷中的燈，透過半透明的帳篷，人們隱約可以看到木偶不受任何控制地站了起來，而巫師則對著這木偶用眾人聽不懂的語言與之對話。

眾人冷汗浹背，屏住呼吸，不敢相信眼前發生的一切。直到對話結束，木偶倒下，燈也在瞬間熄滅。室內恢復黑暗，巫師重又擊起了鼓，唱起之前那首詭異的歌曲。

曲畢，巫師將帳篷、木偶、燈統統收入海豹腸子做的口袋中，對眾人宣布，儘管去霍普角捕鯨吧，今年春天能夠捕到三頭鯨，而留守家中的人也不會感染瘟疫。

眾人歡呼離去，巫師默默收拾好法器，如平常一樣快速融入夜色之中。

這是巫師為人占卜吉凶的一幕，然而做為古老職業的一種，巫師的社會職能卻遠不只於此，祈佑平安、操控風雨、解釋異象、驅邪祛病，甚至殺生血祭、施咒放蠱等，都在他們的職責範圍內。

也因此，巫師在人們心目中的形象一直處於兩個極端，受過其庇護的人認為他們是上天派來的守護神，而遭到過其傷害的人，則認為他們簡直就是魔鬼的化身。

不過，也有一種人，他們既不承認也不相信巫師擁有超自然的法力。他們形容巫術為高級一點的魔術，或乾脆蔑視其為「伎倆」和「把戲」。巫師在他們的眼中，就如江湖騙子一樣的讓人鄙夷。

事實上，直到現在，關於巫師到底是以上哪種人，社會也沒有準確的定性。就如他們的巫術有黑白之分一樣，他們在世界的歷史進程中，也有著正義與邪惡兩種面貌。

在科技火種還未點燃的古老時代，面對自然的絕對強勢，巫師確實擔當過部族守護神的職責。他們智慧卓絕，窺探萬事，不僅能準確理解自然的徵兆，帶領族人順應自然的指示規避災難，也研究出不少啟迪後世醫學祛病去疾的方法，甚至還激起現代文明科技的點點火星。

© Wikipedia Common

▲ 中國少數民族鄂倫春族最後的薩滿（巫師）

那時候，巫師的地位極高，在「國之大事，在祀與戎」的中國，如果一名巫師巫術非凡，且會打仗，便會被族人推選為首領，成為整個部族的最高統治者。而在西方，巫師也大多擔任祭司職位，扮演整個國家的守護神角色。

歷史發展到後來，隨著各種宗教信仰的興起，巫師開始漸漸榮光不再，但由於當時的人們仍然無法完全認識自然，巫師仍然是當時社會所要依賴的對象，但職能由決策國事，變為祭祀占卜。

這時候，巫師開始懷念曾經的地位與光榮，為了再次得到參與政治的機會，巫師開始迎合統治者與權貴們的需求，利用巫術來行詛咒、血祭之事，以此幫助他們攻擊或構陷政敵，實現政治利益。在中國古代，就經常出現利用巫蠱加害或嫁禍政治對手的事，尤其是漢武帝時期那場著名的巫蠱之禍[1]，扳倒堂堂一國的太子和皇后不說，還株連了數十萬人被殺害。

此後，愈來愈多巫師開始偏離最初的軌道。前仆後繼想要重返地位的他們，開始鑽研各種旁門左道害人之術，並蠱惑當權者，大肆荼毒生靈。也因此，巫師在民眾心目中的形象開始一落千丈，守護神光環不再，其魔魅邪惡的形象直到現在仍在人們心中根深柢固。

◎各地巫師大不同

由於地域、文化、傳統等種種客觀因素，巫師也有分支，且不同分支的巫師，無論是

1 漢武帝征和二年發生的重大政治事件，牽連者上至皇后太子、下至平民百姓，達數十萬人之多。

服飾、法器，還是施術過程，都不盡相同。像本文開頭講到的為人占卜吉凶的巫師，就是愛斯基摩（Eskimo）的巫師，他們的法器與施術過程與我們印象中的巫師很不相同。

巫師的分支雖多，但根據其共性總結起來，大多都能歸屬到東方或西方兩大支脈中。

東方巫師的穿著一般比較複雜，服飾上的點綴也較豐富，如蒙古巫師的長裙上就帶有很多飄帶，且腰上會繫九面明鏡，以彰法力。東方巫師們的頭冠也很誇張，特別是印度巫師的頭冠，猶如開屏的孔雀一般。

作法時，東方巫師一般會頭戴畫有驅魔符號或恐怖畫符的面具，腰繫長鈴，手執一面小鼓做為法器，邊敲鼓邊擺動腰間的長鈴，大跳巫舞，邀請各方神明到場。邀請到神明後，巫師便會類比神明的特徵進行舞蹈。譬如，如果邀請到的是鷹神，巫師便會在舞蹈中加入大量老鷹啄食的動作。而巫舞結束，就代表著巫師們與神明的對話結束，整個施法過程也便隨之完成了。

與東方巫師相比，西方巫師的行頭、法器與施法過程就顯得簡單得多。他們慣於穿著黑色無點綴的長袍，頭戴用動物皮縫製的斗篷，隨身攜帶著水晶球、魔法藥，以及魔法水。由於西方的巫師認為和動物溝通十分重要，所以他們身邊還會隨時跟著一隻如貓頭鷹、黑貓、白鼠、蛇等具有靈性的動物。

當他們作法時，一般會一手執水晶球於掌中，一手在水晶球上方輕柔地擺動，口中輕念咒語，雙眼凝視著水晶球中的變化，等到巫師看見了他們想要得到的啟示在水晶球中浮現，作法就算成功了。

比較完東西方文明下的巫師，不得不再單獨提一下印第安的巫師。在獨特印第安文明影響下的印第安巫師，和上述具有明顯東西方文明屬性的巫師不同，他們表面看來略與東方巫師有幾分相像，常被與印度巫師混淆，且信仰上又被歐洲傳教士以「教化」為名強行普及基督教。但從細節上來講，他們卻是與印第安本土文明緊緊結合，自成一派。

由於在印第安，鳥是受到特別崇敬膜拜的動物，印第安人對鳥羽有著很深的情結，因此印第安巫師們都熱衷於

© Wikipedia Common

▲水晶球是西方巫師作法時的重要工具

在作法時頭戴用鳥羽做成的誇張頭冠。而身為信奉「萬物皆有靈」的族人們眼中「人與精靈之間的中間人」，在進行宗教儀式或驅鬼儀式時，印第安巫師都會在自己的臉上塗抹上不同的顏色，把自己扮成精靈，作法時一邊跳舞一邊搖鈴擊鼓，與東方巫師似有幾分相似，但與東方巫師「邀請神明」不同的是，他們這樣做是為了驅趕鬼怪和精靈。

在為人治病時，印第安巫師與東西方的巫師均有所不同，他們並不會用咒語或古怪的藥水，而是會用大量的煙和麻醉劑先把自己弄得如在雲裡霧裡，然後再為病人施法。

印第安巫師為族人占卜狩獵方向的時候更是特別，他們會焚燒鹿骨，然後根據鹿骨上顯現的紋路來確定追擊獵物的方向。

◎巫師的噩夢

雖然巫師常被傳言擁有異能，但歷史卻一再證明，當他們在面臨威權統治的迫害時，其命運並不會因為他們能祈風求雨、占卜未來就會有所改變。相反地，這些很可能正是為他們招來禍端的根源。

在中國古代，由於巫師具備了統治者鞏固統治所需要的技能，而得以常伴君王側，左右他們的決策。但最是無情帝王家，一旦統治者們發現犧牲巫師的生命可以用來維護統治，或巫師推測出違背統治者心意的結果，座上賓變刀下鬼的慘劇便會瞬間發生。

在商代時期，可憐的巫師就曾被統治者放到太陽下曝曬，以感動神靈，為國家求雨。而到了後來的春秋戰國時期，桑田巫預言了晉景公[2]活不過秋天，而被晉景公砍了腦袋。

然而，中國巫師們的命運並不算悽慘，相比歐洲的巫師們在「獵巫行動」中被集體屠戮的慘劇，這種只波及到個人的悲劇簡直不值一提。

慘劇的開端緣起於歐洲中世紀[3]，那時教皇的權威已經達到了巔峰狀態，為打擊異端，維護地位，他們將當時發生的一連串天災，如饑荒、黑死病、動物流行病等，全都歸結為魔鬼作亂，且指出女巫即是魔鬼的化身，並開始大肆追捕女巫。

由於一些地區的官員並不配合這項行動，一四八四年，教皇英諾森八世（Innocent VIII）頒布了具有法律效力的女巫追緝令——「最高希望」諭令，擴大了負責抓捕女巫的宗教裁判官的許可權。**轟轟烈烈的「獵巫行動」**，由此拉開了帷幕。

而一四八七年，兩名宗教裁判官海因里希·克雷默（Heinrich Kramer）和雅各·史賓

2 姓姬，名獳，一名據，春秋時期晉國國君。
3 約西元四七六至一四五三年。

© Wikipedia Common

▲遭受火刑的女巫

格（Jacob Sprenger）惡名昭彰的著作《女巫之錘》（*Malleus Maleficarum*），更是為迫害女巫提供了理論支持，並對如何抓捕女巫進行系統性的指導，徹底點燃了歐洲大地上焚燒女巫的罪惡之火。

為了讓女巫認罪，法庭對她們進行了各種刑虐，精神、心靈、肉體，只要能讓她們在供詞中承認自己與魔鬼交媾，從而名正言順地把她們投入烈火，或是送上斷頭臺，審訊者都會悉數折磨數遍。

精神上的折磨，除了在審訊時故意讓女巫看到令人生懼的各種酷刑刑具外，為了達到更逼真的效果，審訊者還會讓人在審訊室隔壁假裝遭受酷刑一樣地慘叫，造成女巫巨大的心理恐懼，讓她們違心招認「罪狀」。

當時，對肉體的折磨方式非常駭人聽聞。據史料記載，審訊者會用繩子將木棍緊緊貼在女巫的小腿綁上，然後再從上面釘入上粗下銳的小木橛，就像裝釘家具一樣；或者將女巫的身體固定在刑架上，然後對她的四肢施加不同方向的外力，來拉扯她的身體；又或讓女巫在滿是尖銳物的地上跑動，直到其受不了疼痛招認為止……除此之外，還有用針刺女巫的指甲、用火燒女巫的腳等。

而更殘忍的是，為了增加女巫的痛苦，他們往往會在第一次施刑後間隔一兩天再進行第二次酷刑，這樣女巫的身體便不會有因為連續受刑而麻木無痛感，女巫也會有足夠的時間「品味」身體殘留的痛苦。

經過如此殘酷的審訊過程，很少有女巫不「認罪」的。就算有女巫堅持不肯妥協，也會在接連的酷刑中死去。是以，大批的女巫在這場浩劫中不幸喪生，僅法國洛林（Lorraine）省宗教法庭，就燒死了九百名巫師。

直到十七世紀，歐洲巫師們的噩夢才終於結束，但女巫的邪惡形象卻在人們心中留

© Wikipedia Common

▲對女巫肉體施以各種酷刑，逼迫她們「認罪」

下了難以更改的印象。在後來諸多的文藝作品中，女巫都被塑造成惡毒陰暗又醜又老的婦人形象。文藝復興時期情況稍有改觀，一些人如醫生、煉金士等，紛紛開始以巫師之稱為榮，一時間，貴族們開始爭相研究起巫術，巫學一時大盛，巫師們迎來了久違的春天。

然而，短暫的春天之後，歷史的車輪漸漸行進到科技飛速發展的今天，巫師的生存空間愈來愈小。且由於歷史的頗多變故，很多巫術都已經失傳，更多的巫師只剩巫師之名，而不會行巫師之術。至此，巫師這一職業也便徹底衰落了。

風水師——深諳命運與天機

◎通曉天機的風水師

陽光下的整棟別墅，看起來比預想的更加乾淨明亮。一名風水師單手托著一只羅盤，在別墅內外的幾個重要方位站定，再來回走動，時而閉上眼睛感受風向，時而仰觀建築結構，時而俯察庭間植物。而一旁身著高級精品衣飾的夫婦，則是目光寸步不離地追隨著風水師。

最後一切結束，風水師將羅盤小心收起，向夫婦走去。透過風水師的神情，夫婦已經大致猜出了結果——果然，這棟別墅的風水不錯，有興室旺財的好氣象。

如這對夫妻一樣，現今許多人在購地買房、遷墳修塋前，都會請風水師來「看看」凶吉，而風水師們過眼之後給出的意見，在人們最後做決斷時占有著決定性的地位。

隨著風水學的發展，除了幫助他人選擇合適的地點建房築墳外，風水師也會根據對方的願望，提供具體的室內設計方案。在設計的過程中，風水師會結合對方的八字[4]命理和五行八卦，推算出能使對方旺福旺財旺運道的方位，以擺放相應的物品，來達到招財納福的目的。

在現代，雖然風水師已經發展成一個熱門行業，但這並不意味著成為一名合格風水師的門檻變低；相反地，因為它的大盛，讓風水師的門檻正在悄然變高。優秀的風水師，不僅要能夠看房子的風水，還需精通室內設計，能夠結合採光和建材提出合理的設計方案。

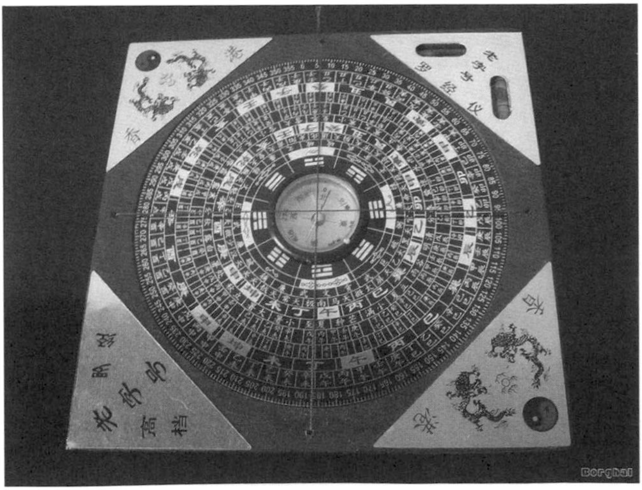

© Wikipedia Common

▲ 風水師的必備工具，堪輿羅盤

而對一些異象頻出，很多時候被歸結為風水不佳的宅院房屋，道行高的風水師往往還要具備化解凶象，改善風水的本事。

在二十世紀初期，媒體就曾有過這樣一則報導：在西南某高校，每年都會有學生從校園中的一座教學樓頂縱身躍下，跳樓自殺。幾年來，無論校內保安在樓上加修護欄，還是嚴禁學生進入樓頂，都不見成效，依舊一個又一個的學生前仆後繼跳樓。而傳說每到夜間，這棟教學大樓便會有身穿紅色馬甲的影子飛速掠過，很多在教學大樓內自習的學生都親眼見到過。學校不得不關閉了這棟教學大樓的夜間自習室。但這只能治標不治本，最後校方不得不找到當地德高望重的風水師到校堪輿。風水師來到這棟教學大樓，觀察良久，最後用一把桃木劍封住了教學大樓的天井。從此，那棟教學樓再也沒有學生飛身躍下。不過，它的夜間自習室時至今日也沒有開放。

◎風水師的三級六關

洞悉世事，深諳天機，一只羅盤便能測定百年禍福，一把桃木劍即可化凶險於無

4 也叫四柱，是從曆法查出的天干地支八個字，用天地天干地支表示人出生的年、月、日、時，合起來是八個字。

形……凡此種種，都讓風水師這個職業在大眾眼中顯得高深莫測，無比神祕。那麼，風水師究竟是如何練成的，怎樣的風水師才能算得上真正的大師呢？在風水業界，有一個公認的衡量尺規——三級六關。

無論何種流派，也無論師從何處，每一名優秀的風水師，甚至卓越的風水大師，修習路上，都必須過「六關」，越「三級」，才能算是真正修得了風水這一途的「正果」。

何謂「六關」，又何謂「三級」呢？所謂「六關」，指的就是風水師要過的六個水準「臺階」，而所謂「三級」，則指的是風水師的三種層次。

通常，一名風水師，只有通過了「六關」中的前三關，才算是越過了「三級」中的第一級——合格級。

這前三關的第一關，叫做應事關。所謂應事，就是指風水師要能說準某處風水的主人家以前發生過的事情，好事還是壞事，來龍去脈是什麼。這一個關口對風水師來說，極為重要。如果風水師無法準確判斷一處風水的主人家之前發生的事的吉凶性質，那麼，顯然就不能給予正確的指導，也就無法踐行自己的職能。而如果風水師可以做出準確判斷，這第一關就算是過了，基本上也能在風水領域安身立命。

接下來，第二關，應人關。這一關，對風水師的要求要略高一點，不僅需要風水師能判斷準確發生過什麼事，還要能分別將這些事對號入座到主人家中的每個人身上。要能說清楚，這些事發生在誰身上，這處風水對誰比較好，對誰比較不利。如果風水師能準確預見一處宅地的好壞，具體對應到誰的身上，並據此來調整風水布局，那麼第二關便算滿分過關了。

然後，第三關，也是走向合格風水師的最後一關——應期關。眾所周知，趨吉避凶是風水師對風水進行預測和規畫的終極目的，僅是過了前面兩關，是無法達到這個目的的。風水師必須能準確預見禍福降臨的具體時間，才好指導人們避禍免災，達到造福他人的目的。而一名風水師如果能將福禍應驗的時間精確到具體的月份甚至日期，無疑就是過了這合格風水師的最後一關了。

而如果還想繼續進階，達到「三級」中的第二級「優秀級」，風水師必須邁過第四、五關關口。

首先，第四關，應位關。合格風水師能斷言福禍降臨的具體時間，因此優秀風水師必須有更精確、更具體的論斷，應位

© Wikipedia Common

▲郭璞，東晉著名的風水師

關就要求風水師要能斷言福禍應驗的具體方位，甚至地點。

譬如，風水師預見一個人會遭遇車禍，並預見了遭遇車禍的具體時間，那麼這起車禍會發生在哪個方位或場合呢？如果風水師能大致推斷出這個方位或場合，這一關就合格了，可以進階第五關應量關。

到了應量關後，對風水師的要求又高了不少，需要風水師能準確預測福禍應驗時的具體程度、時長、數量等。如果有人找到風水師求測自家祖宅能為自己帶來什麼福蔭，風水師不僅要能說出具體的福蔭，還要能說出這福蔭會延續多長時間，能為他帶來多大程度的庇佑等。若風水師能推測出以上細節，便等於是過了這一關，達到優秀風水師的水準了。

而如果優秀風水師還想追求卓越，達到「三級」中的最後一級「大師級」，做為分水嶺的第六關，可謂難倒無數風水師的終極難關。基本上，一名優秀風水師在職業技能上，已經達到了所有硬性要求，而要進階大師，需要突破的，其實是自身的境界。

第六關對風水師的要求，概括起來，其實就是每一個領域的大師都要具備的三重境界——專精廣博、融會貫通、達空明道。所謂專精廣博、融會貫通，就是要求風水師要博學廣識，不拘門派，並將繁雜的學問融會貫通，去粗取精，最終脫離前人窠臼，創立有自己獨特思想的風水學體系。而達空明道，則是要求風水師不僅要心境空明，虛懷若谷，還要明常人之道，超越世俗紛爭，卻又不脫離俗世生活。要想做到這些，並不容易，所以只有極少數人能成為真正的「大師」。一旦做到，也就意味著跨過了從風水師到風水大師的最後一道「坎」，修習到風水學的「正果」了。

◎「殺師」

經過「三級六關」試煉過後的風水師們，無一不能為世人化解凶象，規避災禍，但正應了一句「醫者難自醫」的老話，無論這些風水師水準如何高超，也都有自己無法化解而只能盡量避忌的凶險。這些凶險對風水師來說，是足以致命的，所以又統稱為「殺師」。

「殺師」又有殺師日與殺師地之分。所謂殺師日，就是指對風水師不利的日子。在這些日子裡，風水師是不能開羅盤看風水的，否則便會引煞上身，對自身造成致命的傷害。

而所謂殺師地，則是指對風水師不利的地形，分為明殺師與暗殺師兩種。若是遇上明殺師，風水師往往會意外身亡，譬如從懸崖上摔死、出車禍而死，或是喪命於刀下等。如果遇上暗殺師，風水師則會生重病而死。

而根據風水古籍記載，無論是明殺師還是暗殺師，殺師地都多以穴地為主，尤其是形狀極似某種動物的穴地，如蛇形、龍形、虎形、獅形等，必是殺師地無疑！

然而，雖然「殺師」一說煞有介事，民間也相傳頗多應驗案例，風水師亦行必遵守其避忌原則，但其究竟真實與否，卻並無定論。事實上，就連給予「殺師」理論基礎的風水學本身，也仍具有爭議。

一方面，科學界認為風水學不具科學，認為風水師為人「點穴」求福蔭、化凶象之事純屬迷信；另一方面，也有觀點認為，風水學其實是「地球物理學、水文地質學、宇宙星體學、氣象學、環境景觀學、建築學、生態學，以及人體生命資訊學等多種學科綜合一體的一門自然科學」，大陸武漢科技大學中南分校還曾開設過一門叫做「建築與風水」的選修課，一時間引來諸多爭議。然而，關於風水學的爭論相持至今，也沒有分出勝負。現在對風水學的普遍看法是，風水具有一定科學性，並非純粹的迷信，但也不是真科學。

如今，風水師仍然活躍在社會中，且頗受一些權貴顯達的青睞，可見其所持之業也並非江湖伎倆。

陰陽師——與神締結契約

◎大顯身手的陰陽師

當夕陽最後一絲光芒消失在地平線，整個平安京[5]都陷入了一片詭異的寂靜，平日白晝間的喧譁和熱鬧，在此刻全部歸零。

這是日本為後世留下無數傳奇的平安時代[6]，在這個恰與中國大唐盛世相對的時代，夜晚的平安京卻是個令人人避之唯恐不及的地方。數不清的邪魔鬼怪不安於深山叢林與河溝江湖，紛紛收斂身上的妖氣隱匿於人流湧動的俗世。怨靈與魑魅魍魎糾集成隊，時常上演百鬼夜行。

每戶人家都將門窗緊閉，甚至連燈都不敢點，每個人都瑟縮在被褥裡，捂住雙耳不去

5 平安京是日本京都的古稱。

6 日本古代的最後一個歷史時代，從七九四年桓武天皇將首都從奈良移到平安京（現在的京都）開始，到一一九二年源賴朝建立鐮倉幕府一攬大權為止。

聽即將響起的魔怪之聲。

此時，在夜霧中隱隱顯現出一道身影，白衣黑帽，氣質清華，自帶輝光，如將月光聚攏在身。年輕的陰陽師從口袋中取出一張薄如蟬翼的剪紙，向半空中拋去，口中默念一串咒語，剪紙兀自發出一團光之後化作一隻白狐，立在陰陽師身側。

已經遊竄到街市上的妖魔鬼怪被陰陽師和他的式神[7]吸引，朝著他所在的方向靠近。

© Wikipedia Common

▲ 百鬼夜行圖。夜愈晚愈是邪魔鬼怪四處活動的好時刻

陰陽師嘴角浮起一絲冷笑，待鬼怪靠近，他和式神白狐同時動作，瞬間他的雙手火焰般赤紅無比，指甲卻漆黑如墨，合氣手印從掌間放出，萬道金光如劍芒向鬼怪射去。

不過須臾，方圓內的鬼怪就哀嚎著化作縷縷黑煙消散，式神白狐也叼著最後一隻怨靈炫耀地跑回陰陽師身邊。陰陽師輕輕一點，怨靈散去，白狐也重新化回一張剪紙。

這就是因百鬼夜行而著名的平安時期，陰陽師們在這一時期中大顯身手，陰陽師這一職業也從此時期登上日本歷史舞臺，並興盛一時。

也許正是因為陰陽師這個職業是在日本被發揚光大，於是許多人都認為「陰陽師」起源於日本。但事實上，「陰陽」的概念產生於中國古老的經書《易經》[8]，而在先秦的諸子百家中就已經出現了「陰陽家」[9]。

在西元六世紀時，陰陽家的五行學說[10]和密教的占卜之術、道教的咒術一起傳入日本，經過近四百年的落地發展，到了西元十世紀，這些外來學說才終於與日本本土文化徹底融合，衍生出一套包含天文、曆法、相面、風水、符咒，以及幻術等內容完整的術法體系。這套體系，便是日本陰陽師修習的陰陽道。

因為陰陽道融合了多種學說，掌握陰陽道的陰陽師自然個個都是「複合型」人才，不僅能如前文提到的那樣操縱式神斬妖除魔，還能夠觀天象，測禍福。總之，在當時的日本

7 透過陰陽師命令役使的靈體。「式」有「役使」之意，傳聞中比較有名的即陰陽師安倍晴明所役使的十二神將（十二天將）。

8 一部中國古哲學書籍，亦稱《周易》，簡稱易，因周有周密、周遍、周流等意，相傳為周人所做。是建立在陰陽二元論基礎上對事物運行規律加以論證和描述的書籍，其對於天地萬物進行性狀歸類，天干地支五行論，甚至精確到可以對事物的未來發展做出準確的預測。

9 陰陽家是流行於戰國末期到漢初的一種學派，齊人鄒衍是其代表人物。

10 以木、火、土、金、水五類物質的特性及其生克制化規律來認識、解釋自然的系統結構和方法的古代哲學理論。

© Wikipedia Common

▲ 日本江戶時代初期的陰陽師畫像

人看來，陰陽師就猶如真理的代言人，不論天、地、人、神、鬼，他們皆可以用陰陽道來測算，甚至上至天皇是否受命於天，下至黎民一年的收成，他們都擁有絕對的解釋權。

也就在這時，對陰陽道極為推崇的天武天皇[11]，從中看到了陰陽師的利用價值。為了讓這些掌握絕對話語權的陰陽師永遠地為皇權統治服務，他一邊開設「陰陽寮」[12]，讓陰陽師進入政界，讓他們成為專為統治階級服務，只代表統治階級意志的輿論工具；一邊將陰陽道變成御用之學，不再允許平民學習，徹底將其做為國家的獨占工具。這樣一來，統治者們只需要控制陰陽寮，便可以有詮釋一切的權利。

自此，原本遊走於江湖的陰陽師開始進入夢寐以求的廟堂，食君之祿，擔君之憂，參與國策。然而，福兮禍所倚，滿懷興奮進入政界的陰陽師很快就發現，要在波譎雲詭的日本宮廷內安穩過活，只做好自己的本職工作，是遠遠不夠的。

由於日本皇室貴族好附庸風雅，於是陰陽師也不得不投其所好，不僅要精通音律，會撫琴弄簫，還要出口成詩，潑墨成畫，書法卓絕，甚至茶道、香道等都要統統達到一定水準。而且，有貴族政客的地方，就有祕密，要想在宮廷內部這種爾虞我詐人心叵測之地平安生存，洞察人心和保守祕密，就成了陰陽師必須熟練的技能。要求如此之多，實在不是每個人都能做到的，不怪乎當時日本坊間流傳著這樣一句話：凡陰陽師，定是一等一的俊彥之才。

◎神祕的「式神」

一名術法高超受人尊敬的陰陽師，光是具備討好權貴的才能顯然是遠遠不夠的。這些

11 名為大海人，約生於六三一年（舒明天皇三年），卒於六八六年十月一日（朱鳥元年九月九日），是日本第四十代天皇。其執政期間，進一步加強了天皇專制的中央集權體制，鞏固和發展了大化革新的成果。

12 陰陽師的官方機構，隸屬於左弁官局之中務省。

於他們來說只是「旁門之術」，真正的立命之本，其實還是陰陽師的本業——陰陽術。而陰陽術的核心技能，則是對「式神」的操控。

所謂式神，也稱「識神」，就是指透過與陰陽師締結契約而聽從陰陽師召喚，供陰陽師驅使的靈體，類似於巫蠱之術中的布偶，只是陰陽師施展法術的一個載體。傳說中，陰陽師可驅使十二種式神，俗稱十二神將，分別為天一、騰蛇、朱雀、六合、勾陣、天空、青龍、白虎、太裳、玄武、太陰、天后，是中國古代術士占星用的式盤上的十二月神。每當陰陽師需要式神出現的時候，便會剪紙成形，或者用符紙、木偶或玉器做介質，然後默念與式神約定的咒語即可。

講到這裡，很多人也許會想起西方的召喚術和中國方士的傀儡術。事實上，式神和上述兩者並沒多大不同，唯一的區別，只是陰陽師操縱的是活物而已。

一方面，關於式神，在如《枕草子》、《大鏡》等書中都有描寫。在《今昔物語集》及《宇治拾遺物語》中，也曾記載過智德法師與安倍晴明用式神鬥法的經過，以及一名和尚要求安倍晴明操縱式神給他看，安倍晴明於是隨意拿起一片樹葉，念誦咒文後扔向了門口的青蛙，結果青蛙竟然當場被壓扁潰爛而死的故事。

同時，如本文開頭所描述的，陰陽師在神祕莫測、因百鬼夜行而著名的平安時代操縱式神斬妖除魔，庇佑民眾的故事，在日本幾乎是眾所周知。另一方面，式神在日本的官方歷史中並沒有確切的記載，且平安時代畢竟已經久遠，在科技發達的今天看來，式神儼然只剩下一個讓人無法理解的虛幻景象。

此時，若非要說清這式神之事存在與否，恐怕只有那時的陰陽師自己知道了。

◎最偉大的陰陽師安倍晴明

陰陽師在日本的歷史舞臺上活躍了幾百年，其間人才輩出，俊傑無數，但要說其中最為傑出、最為偉大的代表，首推在日本家喻戶曉的安倍晴明。

關於安倍晴明的身世，日本歷史上說法頗多，大多

© Wikipedia Common

▲安倍晴明母親葛葉和幼年安倍晴明離別的場面

都極富傳奇色彩。據《簠簋抄》上記載，安倍晴明乃白狐之子，其母親為修行多年的白狐，因被其父親安倍益材所救，於是幻化成人形與之相戀並生下安倍晴明，後因真身被幼小的晴明撞見，無奈之下拋夫棄子，重回修行之地。臨走時留下歌謠，囑咐晴明去和泉國信太森林尋她，晴明依據歌謠果然尋到母親，並從母親那裡繼承了靈力。

然而，在《宇治拾遺物語》和《古事談》的記載裡，卻出現了和《簠簋抄》完全不同的說法，認為安倍晴明並非白狐之子，而是得道高僧的轉世真身，其後來對鬼神與精靈的操控神力也並非來自母親，而是透過修業得來。

不過，後世的研究者對以上兩種說法都頗不以為意，認為這些不過只是傳說而已。他們認為，安倍晴明實際上出身顯赫，是大彥命皇子的後代，其母親可能是山民或遊女。

雖然身世成謎，眾說紛紜，但這並沒有撼動安倍晴明在日本的崇高地位，反倒讓他披上了更為神祕的外衣。事實上，安倍晴明的一生也的確極具神性光芒，身為陰陽師的他，其無雙的神力，在日本眾多典籍中都留有傳奇的一筆。

據《今昔物語集》記載，安倍晴明初習陰陽術時，師從賀茂忠行。一次，在跟隨師父外出時，安倍晴明竟然看到了鬼的姿態，賀茂忠行深以為詫，並立刻意識到他的超能力，於是將畢生所學的法術如數教給他。

習得高深法術後的安倍晴明，據說不僅能在鬼怪怨靈聚集的靈界和人界自在穿行，還能洞悉前世與未來之事。這些能力，讓當時亟需陰陽師庇護的權貴們對他趨之若鶩，十分倚重。據說當年藤原道長[13]得勢時，就曾因為害怕被詛咒而與他如影隨形，並最終依靠他的高強法力瓦解了敵對勢力的加害，從而鞏固自己的政權。

當然，安倍晴明最厲害的本事，還是在於操控式神。在《今昔物語集》及《宇治拾遺物語》中就講到，安倍晴明能同時駕馭十二個式神，為了避免驚嚇到他人，安倍晴明便將它們封印起來，放在位於京都驅邪方位的一條戻橋下面。傳說中只要有人對著一條戻橋說話，封印在此的式神便會將這些話傳達給晴明。後來，這件事被愈傳愈玄，漸漸變成只要站在一條戻橋上許願，這些式神便會藉由過橋路人傳達上天的啟示。

除了上述這些聽起來有些玄虛的異能外，安倍晴明在天文學、數學等方面也頗具才能。據說，日本的天文曆法便是由他修訂完善的。除此之外，安倍晴明還有著精準的占卜能力，以及對人心與政局的掌控能力。也因此，安倍晴明得以從最初的一個小小的天文得業生[14]，一路晉升到後來受賜「法清院」的從一位[15]「晴明公」，達到日本陰陽師們無法

13 日本平安時代的公卿，藤原兼家的第五子。官至從一位攝政太政大臣，准三宮，最為有名的事蹟是一家立三后。

14 天文博士的學生中成績優秀者，候補陰陽師。

15 日本品秩與神階的一種，位於正一位之下正二位之上。

© Wikipedia Common

▲ 安倍晴明與式神

逾越的高峰。

由於安倍晴明的卓越成就，時至今日，他的影響力仍然不可小覷。為了紀念這位影響日本歷史的陰陽師，日本不僅專門為安倍晴明設立「晴明祭」，每年在京都晴明町的晴明神社舉行一次盛大的祭祀活動，還在各地修建了數之不盡的神社寺廟，以供奉這個在千年之前如流星般驚豔了時光的偉大陰陽師。

值得一提的是，安倍晴明死後，他的後裔也頗有作為，安倍家曾一度成為日本陰陽師的領袖，並在安倍晴明第十九世孫安倍有修時，受賜「土御門」稱號，從此成了土御門家，完全把持了陰陽寮。

但好景不長，到了明治維新時，陰陽

© Wikipedia Common

▲位於日本京都上京區的晴明神社

道被廢除，陰陽師們受到巨大衝擊，土御門家被剝奪了「曆」的製作權，家道開始式微。直到一九五二年，麥克阿瑟的信教自由憲法草案出臺，土御門家才得以據此將陰陽道遺產以家學為名目存續下來，為陰陽道保留了復活的一線生機。

然而，陰陽道並沒能再次復興，時至今日，日本的陰陽師已不再擁有陰陽術，人們再看到他們的身影時，也只是在神社的廟會或祭祀活動上看到形式化的表演。

居廟堂之高，左右國策，處江湖之遠，斬妖除魔，這些曾屬於陰陽師的榮耀，已經徹底留在了歷史與傳說中。

道士——祕術集成者

◎三個傳奇的道士流派

長柄拂塵，黑色道袍，繚繞的香火，神祕的符畫，當聚集了這所有元素，相信在大多數人腦海中都已經浮現出一種人，就是道士。

道士屬於神職人員的一種，因為信仰道教，而自願遵從其教義，修習其經典。《太霄琅書經》上曾解讀道：人行大道，號為道士……身心順理，惟道是從，從道為事，故稱道士。也許是因為道士修道的方式太多，於是傳言中，他們總被認為是深諳諸多祕術之人。是故，對待道士，大多數人都抱著敬畏之心。

道士的起源年代雖然久遠，然而真正的道士之稱卻始於漢代，張道陵創立「五斗米道」，奉老子為教主。但是，當時道士一詞經常被混用。等到了寇謙時期，道士才成為信奉道教人士的專屬名詞。並且在稱謂上正式體現出男女有別，女性道士被稱為「坤道」，又稱「女冠」，俗稱「道姑」。而男性道士則被稱為「乾道」，也稱道人、羽士、羽客，尊稱則為「道長」。

和諸多宗教一樣，道士也有流派之分，其中有三個不得不提，因為在民間傳說中，他們在道家祕術領域內各具法力，極為傳奇。

首先來談談總在電視劇中出現，道家中最出名的一個流派全真派。全真派被認為在道家祕術之一，煉丹上功力非凡。傳說他們能利用丹藥的功力以及道教中的自修法門，達到長生不老。

據說明朝時的嘉靖皇帝就對他們的這一法術相當篤信，曾於嘉靖二十六年至四十三年的七年間，四次在民間以選秀女為名廣徵八到十四歲的幼女，榨取其處子之血，讓道士為他煉製可長生不老的「元性純紅丹」。

© Wikipedia Common

▲ 道教創始者張道陵

第二個必須要說的流派，叫做正一派。這一派被傳言於符咒之術上法力了得，其所施符咒不僅能祈福禳災，還可降邪驅鬼、超渡亡靈。

傳說漢代有位道家仙公葛孝先，就曾用符咒求來了久旱甘霖。而在沅湘一帶，也有傳言說山鬼作惡，糾纏美貌的婦女，凡是被惡鬼看上的婦女，必生端滋事，甚至裸體奔走，後來有一正一派道士用符咒震之，才趕走惡鬼，拯救了這些婦人。

和以上兩個流派相比，茅山派道士所修煉的祕術則被傳得更加神奇。相傳他們會遁地穿牆之術，剛剛還看見他們人在甲地，轉眼就會發現他們又在乙地出現，十分神奇。除此之外，茅山派還有一項祕術，就是機關布置。據說各種古墓中的精巧機關，全都出自茅山派道士之手。

◎被逼出來的法術

道士經過若干年的苦心修習，相比常人，的確是多了一些異能，加之道士作法有時會利用醫藥、物理、化學等原理，來營造一些「異象」，在當時還不知科學為何物的人們看來，多少都會覺得神奇。於是，很多權貴都覺得道士是萬能的，並肆意命令他們利用法術為其達到各種目的，硬生生逼出道士根本不具備的「法力」。

當年的漢武帝就是篤信道士具備神奇功力的一位皇帝，他因為日夜思念已故的李夫人，遂要求道士李少翁進宮施展還魂法術，以慰他相思之苦。皇帝之言，李少翁不敢不從，只得要來夫人的衣服，並準備了一間屋子，屋子裡掛滿紗簾，簾子裡點滿蠟燭，沒一會工夫，竟「生生」讓李夫人的身影投射在紗簾上，讓所有觀者驚歎不已，對道士的法術愈發頂禮膜拜。

實際上，道士儘管會一些法術，但是任憑誰都不可能做到讓人死而復生。李少翁只不過是無奈下利用物理中的折射原理，表演一場「皮影戲」給漢武帝看而已。

而另有一些人，則故意誇大道士的本領，用來做為自己結交權貴的工具，道士在其淫威的逼迫下，不得不配合其做出一些表演。譬如，大奸臣嚴嵩，見皇帝崇敬道教，於是唆使道士進宮，讓他施展呼風喚雨的法術，讓天降大雨，造福百姓。

道士自然拒絕，說自己沒有干涉自然的能力，然而面對嚴嵩的脅迫，出於無奈，道士最後只能進宮，開壇作法，用以祈雨。萬事都存在巧合，剛好那天天降大雨，不僅嚴嵩得到嘉獎，就連道士也被吹捧得法力無邊，實際上道士的法術原本沒有這般神祕的力量。

◎還原現今道士的生存境況

隨著社會進步，道士儼然成為了一種高端職業。就拿臺灣本土來說，信奉道教的民眾可以說是全亞洲最多的。由此可見，道教以及道士在臺灣相當普及和受歡迎。

現今的臺灣道士業內，有一則度生，二則度死的說法。所謂的度生就是指祈福與驅邪，祈福泛指謝平安，做三獻等，驅邪則涵蓋有安胎、起土、補運等，這些業務大多歸屬於靈寶派。而度死則指的是喪葬的齋事科儀，以及做功德。如若細分，則是紅頭道士專門度生，而烏頭道士專門度死。

也正因道士的活動涉及頗多禮俗、儀式，且臺灣人又向來重視傳統文化，當局對道士這一職業的管理也自然相當嚴格。每隔幾年，道士都必須參加資格認定的考試，只有取得資格證書者，才被允許在節慶及殯葬等需要道士出現的場合，行使道士職責。

而為了能保障道士的權利與福利，道教組織成立了道士公會。這個全稱為道士職業工會的組織，是由從事法師與道士職業的人共同建立，在盡全力做好道士後援的基礎上，還會定期開設一些職業訓練課程，以便道士職業更加專業化和標準化。

由於道士在臺灣民眾中不僅受人尊敬，而且相對來講有著很優渥的保障基礎，所以臺

© Wikipedia Common

▲臺北市大龍峒保安宮即屬於道教寺廟

灣道士的從業人員不僅愈來愈年輕化，也正逐步朝著高學歷發展。在二〇〇六年便已有二十五歲的女碩士生自願投身道士行業，不僅引起人們的廣泛關注，也使得大家對道士這一職業有了新的認識和理解。

與此同時，外界也意識到，道士這一古老而神祕的職業，經過若干年的演變，不僅未曾式微，反而正帶著它的神祕印記活躍在大地上，而愈來愈多年輕人的加入，無疑給這一神祕職業注入了新的活力，使得它可以愈走愈遠。

乩童——神明的布偶

◎神祕的乩童

許多人應該曾在一些法事中看過這樣的場景：一名身材較為矮小，穿著紅黃短褂，頸間戴著金屬製項圈，手腕、腳踝上都配有首飾的男子，一開始一動不動，之後口中卻漸漸呢喃一些模糊而低沉的咒語，緊接著手足奇怪地扭動起來，並開始一段段經文的吟唱，聲音細而尖，極似女聲。他一邊吟唱一邊用筆在紙上快速寫著什麼，經文吟唱完畢後，似乎全部力氣被抽走一般地癱倒在地上。

這名行為怪異的男子，其實就是所謂的乩童，而這個看似詭異的場景，就是乩童起乩的過程。

乩童，專門服務於一些法事儀式，他們不僅有傳達神明旨意的能力，還能夠將身體借與鬼魂亡靈，讓他們與在陽間的親人、朋友、愛人對話，或進行生前未來得及的道別。

而在這些法事中，乩童僅僅充當人和神明之間的一個媒介，整個扶乩[16]過程所需要的，只是乩童的肉身軀殼而已。乩童在被上身起乩[17]時，自己的意識會被神明取代，這時控制與支配他們軀體的，便是神明，而非他們自己。是以，開頭場景中的男子才會做出那樣怪異的舉動。

然而，並不是所有的「乩童」所進行的任務，都與前述場景中的男子相同，乩童也有分類，一般分為兩類，一類是以口述、吟唱起乩，為人們解惑醫病的「文乩」；另一類則是以手執五寶，舞刀弄棒幫人們驅邪鎮鬼安宅的「武乩」。

除了因種類不同而任務不同外，不同地域的乩童，在起乩時上身的神明也不盡相同。雖然無論是臺灣的乩童，還是香港的乩童，又或者東南亞的乩童，最開始都起源於中國古代，可謂同根同源，但每地風俗與信仰並不相同，在傳播過程中，乩童為迎合各自地區人們的習慣，難免會在細節上做些改變。

譬如，在「王爺」信仰十分盛行的臺灣，乩童通常起乩上身的神明便是王爺神、三太子、濟公和天上聖母等，而在對關公特別崇拜的香港，最常在「乩童」身上起乩的神明，

16 中國道教的一種占卜方法，又稱扶箕、扶鸞、揮鸞、降筆、請仙、卜紫姑、架乩等。
17 指神明上身。

便變成了關公和齊天大聖。

除卻上身神明，乩童在各地區的發展也大不相同。在臺灣，「乩童」有另一個十分相近的名字，叫「童乩」。由於「民俗療法」在臺灣社會廣受重視，而「童乩」在這其中又正好扮演著極為重要的角色，所以「童乩」在臺灣很受一些人的青睞。如果家中有小孩總是哭鬧，上了年紀的長輩便會認為這是由於孩子受了「不乾淨的東西」的驚嚇所致。這時，「童乩」便會被請去作法，為孩子收驚。又或者，家中有精神病患者的民眾在患者接受正式醫療無果後，往往會將希望寄託於「民俗療法」上，相信患者是被「邪魔附身」，只要請來「童乩」將「邪魔」趕走，患者便會康復。由此種種，乩童文化在臺灣得以延續發展。

© Wikipedia Common

▲乩童起乩常見上身神明三太子，又稱中壇元帥

而在大陸的北方，尤其是農村，「起乩」、「扶乩」被稱作是「跳大神」，有誰家遇

到了災禍，或親友亡故，都會去請專人到家中跳大神作法，以此來辟散禍難，祈祐平安。

這項活動一度在上世紀五〇年代之前的農村十分盛行，幾乎村村都有專門的跳大神組織。然而，在五〇年代後，隨著文革「除四舊」運動到來，這種活動遭到禁止和打壓。雖然現在仍有不少「大神」深藏民間，但較之從前，已經算是凋零大半了。

與大陸地區人們對「乩童」的真實性將信將疑不同，在東南亞地區，乩童文化發展得如日中天。如印尼當地華人便十分篤信「乩童」的神力，因為他們的先祖在幾百年前舉族遷徙到印尼時，剛定居下來便遇到了瘟疫，而醫生卻無法控制瘟疫的蔓延，最後是乩童透過扶乩來幫助先祖們度過了這次災難。於是，他們對於乩童的神力特別崇敬。也正因如此，乩童文化在這裡枝繁葉茂，不僅每年都有盛大專門的乩童遊行表演，還會舉行相關祭祀活動，可謂乩童們的集會天堂。

◎如何成為一名乩童

「乩童」雖然其中有一字是「童」，但這並不表示只有兒童才能夠被選為「乩童」。一般而言，「乩童」可以由任何年齡層的人擔任，甚至在當今，大部分「乩童」都是年齡偏大的長者。

沒有年齡限制，也不代表任何人都可以來做乩童，一名真正合格的乩童，需要經過諸多的試煉與修習，才可以為信眾請神作法。

乩童一般分為先天和後天兩種。先天的乩童，是由神明親自選擇的。一般，這類乩童在被神靈選中後都會出現各種異狀，譬如：突然陷入一段時間的昏迷，或者是呢喃怪異的言語，據說這便是神明在傳授乩童法力的一種表現。

而後天的乩童，分為兩種。一種是經由老乩童挑選，繼承其衣缽而成為乩童，一種是受到感染自行起乩成為乩童。

自行起乩的乩童，就是所謂的采童。采童只是生童，若要成為熟童，還需要「坐禁」才行。所謂「坐禁」，聽起來玄乎，其實就是閉關。這閉關要閉多久，並沒有明確的規定，按照通常的一禁到七禁，每禁七天來算，大概也就是在七天到四十九天之間不等。

采童閉關，是大有講究的。首先，采童們自然是要沐浴齋戒，除去身上的凡俗之氣，以潔淨的身心來坐禁。其次，閉關的地點一般都選擇在一些寺廟的廂房中，一是這裡供奉著神靈，更容易得到神靈的指示，二是這些地方一般都比較清靜，適宜靜修。而為了確保采童們閉關的過程不被旁人窺見，也為了防止妖邪進入，廂房的門窗都會被關閉，並用一塊紅色的綢布遮光。

采童進入廂房閉關後，便要開始進行所謂「頭不見天，腳不踏地」的修煉。修煉的內容，除了靜心寡欲，早晚焚香供奉神靈外，還需要向老乩童或是法師學習神靈附身、驅邪壓煞、巫器法術、醫藥等技能。

在這期間，采童們洗澡吃飯都在廂房內，換洗衣物和食物也都有專人從小洞或側門中遞入，除了教授技能的老師和送東西的人，其他閒雜人等都是不可見的。為了盡量減少排便，采童們一般都吃得極少，且都是麵食或水果，完全沒有肉類食物。

這樣持續七到四十九天後，閉關結束，采童們便可以在教授技能的老師的帶領下出關。

采童出關是件大事，一般都會有一個非常隆重的儀式，采童除了要執五寶法器讓自己見血，來表示他們已經得到玉皇大帝的任命外，還要過釘橋、爬刀梯，一套程序走完後，才算正式成為乩童。

◎令人震顫的乩童作法

乩童平日作法的內容非常多，前文提到的請神上身，其實只是其中比較正常的一項。事實上，為了顯示神蹟，乩童們很多作法內容都近似於自虐，相當驚悚可怕。

這些足以令觀者震顫的作法內容包括：困釘床、坐釘椅、爬刀梯、穿口針、背五鋒、破肩頭、噴油等，單聽名字，就讓人頭皮發麻。

困釘床是在一張經過淨爐與安符，號稱可以避邪氣、招法力的木床上插滿整整一〇八顆鋼針，然後乩童脫光衣服，在不做任何防護措施的情況下直接躺倒上去，再由四人平抬著四處向觀者展覽。而坐釘椅與之大同小異，也是先將椅子淨爐安符，然後在各處插滿鋼釘，乩童端坐在這把椅子上面，雙手雙腳，以及頭、背、臀七處都需切實地抵到鋼釘上，看起來比困釘床更加驚險。

爬刀梯也不簡單。刀梯根據種類不同，分為三十六梯、七十二梯、一百零八梯三種，有的刀梯每一層都布滿尖刀，而有的則是一層尖刀一層鐵釘，乩童口含烈酒，噴向鼎中沸油以淨人淨壇後，便由道行較高的老乩童帶領，光腳走上刀梯，再光腳下來，場面極為驚心。

而比之以上更讓人震顫的，則是穿口針。乩童把拇指般粗、近似一個成年人高度的銅針穿插於嘴頰、面頰、手臂上，然後用手扶住，於街上四處遊走展覽，其情其景，無不令人驚恐。但這並不算最恐怖的，比這更恐怖的是「五營頭」，乩童們直接將五支銅針分左右插入頭中，其觀感簡直無法形容。

當然，也有比「五營頭」還恐怖的，就是泰國乩童的穿口表演，他們穿的可就不是銅針了，而是槍、仗之類的東西，一般人根本不敢直視。

除此之外，用狼牙棒、刺球、斧頭等猛砸自己脊背的破肩頭，用滾油洗手或將滾油含進嘴裡再噴出的噴油之類的作法內容也是觸目驚心，其血腥場面，觀者看後，其影像往往久久揮之不去。

© Wikipedia Common

▲ 女性乩童貫穿臉頰的穿口針作法內容

◎不為人知的作法內幕

請神上身，肆意自虐，這些讓人感到驚歎和戰慄的作法內容，無疑讓乩童被蒙上了一層「驚悚」的色彩。即使很多人都在懷疑乩童作法的真實性，但如刀槍穿口這樣的表演很難作假，到底是乩童真能請得神明附體，還是單純用伎倆欺騙世人，一名前乩童對此的回答是：一半一半。

根據這名前乩童的說法，他是真的體驗過被神明附身的感覺，只是神明並不是每一次都請得動的，有時神明會不肯出現，而派一些手下的小兵小將前來，也有時，一些邪魔會冒充神靈前來，這些情形，只要是有些道行的乩童，都可以分辨出來。不過，也有神明三求四請不來，連小兵小將也不派來的時候，乩童為了神壇和自己的聲譽，就會假裝被神明附體，說些模稜兩可的預言來欺騙信眾。

那在穿口針、走刀梯時如果請不來神明護體怎麼辦呢？這名前乩童揭祕說，還是裝。不過，說是裝，不如說硬撐要更貼切一點。

在進行近似自虐的作法時，那些砸在乩童身上的鐵錘和穿入乩童面頰的鋼針並沒有作假，而是實在的真貨，也是實在地砸上去、穿進去。只不過，這中間乩童會用一些技巧來減輕疼痛。

譬如，「破肩頭」的時候，乩童手中的刺球往往是高高舉起，卻輕輕落下，在其快要接觸到身體的時候，略略往後揚一下手便可減輕不少力量。不過，動作一定要快，否則很容易便會被圍觀者看出端倪。

然而，即便施以巧力，像刺球這樣尖利的東西打到身上，流血也是在所難免。這個時候，乩童便需要有人在背後不停噴米酒來麻醉疼痛，雖然不能發揮多大作用，但表演時只有暫時硬撐了。

可施巧力、又有米酒緩痛，看起來難度好像不大，但這些技巧顯然無法利用到每一種作法中，若是乩童被要求表演「穿口針」時，是無法僅靠上述的臨場發揮。

© Wikipedia Common

▲ 斧頭的用途多重，是謀生工具、斬首工具，也是乩童展示神力的工具

看過前文「穿口針」的描述，銅針要是不真正用力絕對穿不進去，而且穿進去後為顯神蹟，往往還要將長達一人高的銅針懸空，或者更自虐一點，還要再加掛一些重物。要做這類表演，不事先下些「功夫」，顯然會出意外。那乩童們是怎麼做的呢？原來，每當要表演「穿口針」時，乩童在半個月前便會未雨綢繆，每天以棉花沾醋塗抹臉頰並用力摩擦，等到半個月後的表演時，臉頰基本上就沒什麼感覺了，再加上現場氛圍，乩童只要狠下心一鼓作氣把銅針穿進去，也不會有太大的痛苦。而且事後只要塗藥，不讓傷口發炎，很快便會癒合，不會導致破相。

雖然乩童承認作法表演有「作弊」空間，但也堅稱，這些都是請不到神靈時的「權宜之計」，若是請到了神靈，他們完全不會用這些方法。

神靈附體之事，見仁見智，不管乩童在作法時是否真的請到過神靈護體，這些作法表演讓我們真實體會到「神靈附體」的視覺效果，而為他們披上了「通靈者」的神性外衣。

Chapter 5

工作在虛實迷藏間

守墓人——喧囂來自無聲處

◎守墓人的祕密

每到夜晚，罕有人跡出沒的墓地便會出現一個人，逡巡於各座墳墓之間，時而整理墓碑前的獻花，時而將墓地周圍的落葉拾起，猛然看去，十分詭異。不過，不要被嚇到，這個人並非深夜遊魂，而是墓地的守墓人。

提起墓地，人們總是會有一種陰森的感覺。其實，墓地之所以為人們所忌諱，只不過是一種心理作用使然，當人們放下潛藏內心深處的恐懼時，再來看墓地，看守墓人，便會覺得其實他們和司機、護士、郵務員等正常職業，並沒有什麼本質上的區別。

說起來，守墓人也算得上是一種歷史悠久的行業。沿著歷史的長河漫溯，不難發現，守墓人的身影歷朝歷代處處可見。實際上，早在兩千多年前的漢代，守墓人這一職業就已經登上了歷史舞臺。那個時候，盛世繁華，皇權威嚴，天子薨[1]，舉國同哀，葬禮隆重，更是興建了大規模的帝王陵寢。顯然，帝王之墓是不可能放任自流，無人看管的，於是守墓人便應運而生了。

隨著歷史沿革，時代變遷，百家爭鳴[2]的恢弘不再，儒家思想統治了華夏。在儒家學說的薰染下，統治階層對禮儀規矩更加重視，不少門閥世族，開始修祠建堂，供奉先祖，大興土木，營造家族墓園，以求族人死後得以安息。而一些不得勢又分屬宗族的支脈子弟，尤其是老者，被派往守墓，自然是再好也不過的選擇。當然，這並不是說守墓人一定都是老者，一些為父母先人守墓極具孝心的子弟也不乏其人，如蔡順[3]，正是其中典範。

這些守墓人寡言沉靜，他們接受家族的生活

▲秦始皇陵墓兵馬俑。帝王陵墓除了需要守墓人看管，陪葬品的陪伴也不可少

1 古代稱諸侯或有爵位的大官死去。

2 指春秋（西元前七七〇至前四七六年）戰國（西元前四七五至前二二一年）時期，知識分子中不同學派的湧現及各流派爭芳鬥豔的局面。

3 字君仲，東漢汝南安陽（今屬河南）人，以至孝稱。

補貼，承擔打掃陵墓、除草植樹、管理墓園的工作，說起來，也算得上是一種公平的勞動交換。只不過，由於長期獨處，鮮少與人往來，他們的身上難免攜帶了一絲陰翳，幾許恐怖。且人死後到底是煙消雲散於塵世間，還是化作鬼魂繼續存在於另一個世界中，一直都是人們爭議的話題，因此守墓人也常常被人們認為是見證了很多異象，知道很多祕密的神祕角色。

而除了外在氣質和留給世人的既定印象外，職業特性帶給守墓人的，多是心理上的改變。做久了守墓人，他們對某些事物，如鬼魂、亡靈等，就會存在著一種敬畏。這倒不是說鬼魂、亡靈對他們來說是什麼恐怖的事情，而是他們長期接觸死者之後的一種心理轉變，對他們而言，死者是值得敬畏的，墓園之中的一切也都是值得敬畏的，他們比普通人更懂得死亡，也更加珍愛生命，與人為善。

◎現實中的守墓人

隨著社會的發展，專門的墓地、陵園也愈來愈多，這些地方也有守墓人，但他們的工作職責與古老的守墓人卻有了很大的差別。

現在，巡視墓地水溝、墓道有無損壞或濫葬，是東方守墓人最主要的日常工作。根據報導，守墓人每日都需要在占地廣闊，內有數千座墳墓的墓地裡巡視，且要手持相機，隨時拍下當天墓地情況存檔。要完成這麼大面積墓地的巡視，守墓人必須每天早上便開始工作，一直到黃昏才能結束。此外，還需要負責接待死者家屬，引導他們去到親人的墓地祭拜。

那西方的守墓人每天的工作是什麼？在西方，守墓人在私人或公共的墓地裡，多充當著園丁和埋葬者的角色。照顧、修建墓地裡的花、草、灌木是他們的日常工作，而天氣好壞則決定了他們進行這些工作的時間。通常，他們都會在溫暖的季節裡修剪、打理花木，而在冬季的時候拔草、平整地面和種植新

© Wikipedia Common

▲ 葬有諸多名人的法國巴黎佩爾拉雪茲公墓

的種子。

此外，為死者的棺材挑選和挖掘墳墓也是他們的工作之一。一旦殯儀館通知有死者的棺材將運來，他們便要攜帶鏟子、風鎬、手推車等工具去墓地，根據土壤柔軟度和組成，挑選並挖掘用以放入棺材的墳墓，等棺材運到後，再使用液壓或氣動升降機將棺材安放下去埋葬。

雖然各地區守墓人的日常工作不盡相同，但工作的艱辛，卻是不相上下。為了維護墓地安寧，防止破壞者入內，西方守墓人每天需要夜巡，沒有良好的夜視能力和聽力，很容易出意外。也正因如此，他們入職前雇主都會對他們進行一定時間的培訓，先讓他們做比較簡單的工作，直到熟練以後，才開始負擔所有工作。

如此艱辛的工作，待遇自然不低。然而，高薪的背後也有不被世人了解的孤獨。

由於職業的特殊性，許多人一聽說他們的職業後，便不再和他們繼續交往下去，即使有少數人仍然願意，但他們的家人也會堅決反對，而就算幸運被接受，其職業也是禁忌話題。不僅是守墓人本身為人們忌憚，甚至就連守墓人的住所，在人們眼中也有著異樣的驚悚。

據英國主流報紙《每日郵報》的報導記載，在英國的南安普頓市，有一座教堂墓地看守人的房子，這座房子建在一塊有著兩百年歷史的猶太墓地上，不僅房子外面的花園裡布滿了搖搖欲墜的墓碑和形象驚恐的雕像，就連房子裡的臥室，據說也曾經做過停屍間。因此，當地人都視它為這座城市最為恐怖的地方，提起便不寒而慄，更不敢靠近這裡。

由此，世人對這個職業的避忌，可見一斑。

然而，人有生有死，服務往生者的工作毫無疑問總是需要有人來做的，守墓人們承擔起這份重任，即使遭遇不理解，也同樣兢兢業業工作著，實在是值得敬佩，而相信在社會愈來愈理性開明的將來，他們必定會和律師、商人、司機等職業的從業者一樣，享受到應有的尊重與理解。

更夫——夜晚才是一天的開始

◎遺留在歷史深處的更夫

當整片天幕都被黑夜籠罩，隨著一盞又一盞的燈熄滅，整座城都陷入了黑暗，人們也進入了夢鄉。就在這萬籟俱寂之時，更夫一手提著一面鑼，一手持著一根木棒，從街巷深處走來，一邊「咚——咚——」有節奏、有規律地敲鑼，一邊高聲喊著：「天乾物燥，小心火燭。」有些地方並沒有照明的燈籠，他只能摸著黑，在已經走過無數次的青石板路上前行，敲鑼，報時，提醒。力氣、力道，語音、語調，從頭至尾都沒有任何變化。

晴朗的夜晚如此，陰雨的夜晚如此，風暴的夜晚亦是如此。無論天氣是否惡劣，無論太平盛世還是戰火紛飛，更夫都不曾中斷過打更。白日的事情多數與他們無關，他們的生活幾乎沒有白日，對於他們來說，夜晚才是一天的開始。

追溯起更夫的起源，可以回顧到上古時期，那時的「打更」工作多由巫師承擔。在那時，夜晚是邪惡鬼怪現身遊竄的時分，巫師用打更的聲音驅散邪靈惡鬼，來保護氏族部落的安全。

後來，統治者為了方便管理，設置了宵禁，嚴禁一切夜晚的集合活動。但那時沒有鐘錶，人們無法準確掌握夜晚的時間，於是更夫的主要職責便由驅散邪靈惡鬼，漸漸變成了在夜晚向人們報時，以提醒人們不要再外出集會。後來，這種提醒的職能被豐富起來，除了提示時間，更夫還開始負責提醒人們防火防盜等瑣事。

隨著鐘錶在每家每戶的普及，以及「火燭」在人們生活中的退隱，更夫們的夜間提示開始不再被需要，失去最後價值的更夫也便漸漸從歷史舞臺上銷聲匿跡。

如今，如果還想看到更夫，便只能去中國大陸一些古鎮尋覓他們的身影了。然而，雖然那裡保留著這種古老而高尚的職業，卻已經削去了他們的職業價值。讓他們存在，僅僅是為了讓他們

© Wikipedia Common

▲ 正在打更報時的更夫

每天晚上扮演表演性質的打更遊戲，以幫助這些商業化味道愈來愈濃的古鎮招攬喜愛新奇的遊客。

◎更夫的職業要求

對於「更夫」這個行業來說，門檻很低，只要能走能動能開口能敲鑼，基本上就滿足了成為一名更夫的條件。但青年、壯年男子一般是不願意從事這種職業的。在古代，男子考取功名，走上仕途，或者成為一名將士，建功立業才是他們的追求，又怎會拋捨下如花美眷、大好年華去做一名更夫，以此終老呢？

而對於女子，尤其是古代的女子來說，夜晚太過禁忌與恐怖，女子幾乎不敢單獨走夜路，在一些嚴刑峻法的朝代，就連女子白日獨自出行都是被禁止的。

於是，這也就促成了更夫大多是鰥寡老人這一現象的產生。只有孤獨的鰥夫，才願意以打更為生，以打更來度過生命中最後的時間。

對於普通百姓來說，需要透過更夫來知曉夜晚的時辰，那麼更夫又是如何得知準確的時間呢？這時就不得不提到更夫需要具備的另一種能力——耐心。急性子的人做不了更夫，因為他一定無法忍受寂靜的夜，昏黃的燭光，還有緩慢滴落水珠的滴漏，以及盯著一根又一根香在面前慢慢燃盡。

更夫每夜就是透過滴漏和燃香來計時，從而為每家每戶報時。為了能夠盡可能地保證報時的準確性，更夫不得不時時盯著計時儀器，容不得半點瞌睡。

除了耐心之外，一定的節奏感也是更夫應具備的。因為每當更夫報時時，他們不會口述此刻是一更天還是三更天，他們都是用有節奏有規律的敲鑼聲來表達不同的時刻。

更夫每晚要報五次時，打落更、打二更、打三更、打四更和打五更。分別對應著現在的晚上七點、晚上九點、晚上十一點、凌晨一點和凌晨三點。不同時刻的敲鑼節奏是不同的，這就對更夫的節奏感音律感有一定的考驗和要求。

除此之外，更夫每打一次更都會吆喝諸如：「天乾物燥，小心火燭！」、「鳴鑼通知，關好門窗，小心火燭！」之類提醒。到了民國時期又豐

© Wikipedia Common

▲沙漏也是相當古老的計時工具之一

富了一些，更切合時事地喊些：「寒潮來臨，熄燈關門！」、「早睡早起，鍛煉身體！」之類。

◎更夫也是高危險職業

如前文所講，更夫的工作內容非常簡單，報報時、喊喊話，似乎並沒有什麼危險可言。然而，事實卻並不是這樣。如果誰來做個意外死亡率最高職業排行榜，更夫絕對排名前三。而這，全拜更夫的工作時間所賜。

常言道，「天黑好辦事」，在人們的潛意識裡，濃濃夜色總給人一種能掩蓋一切罪惡的錯覺，且夜晚人們的警惕性最低，反抗性最弱。是以，大多數燒殺搶掠、作奸犯科之事，都會在此時發生。而更夫也是此時開始工作，遊走於各處打更報時，難免一不小心，就會撞上「不該撞上」的事。

若是撞上偷雞摸狗，更夫嗚幾下鑼，或許還能將其嚇走，但若是遇上打家劫舍、殺人放火，身無防身物，又無防身術的更夫可就凶多吉少了。

在周星馳的電影《九品芝麻官》中，就曾有這樣的情節：惡少常威貪戀戚秦氏美色，姦淫不成，於是怒而殺死了戚家十七口，作案後剛好被一名巡夜的更夫撞見他滿身是血的從戚家出來，為防日後指認，於是將更夫殺人滅口。

由此可見，更夫這個職業的風險，比前面的殺手、臥底都要更高一籌。殺手、臥底只要工作技能較特殊，一般都可保住性命，但更夫，工作技能完全無法保護他們，甚至還可能會因工作太盡職，鑼敲太響驚動了賊人，而招來殺身之禍。

當然，除了「撞見不該撞見之事」外，在更夫的工作時間裡，「撞鬼」機率也不低。在許多香港僵屍電影中，就經常有更夫因撞見深夜遊蕩的小鬼而暴斃當場的劇情出現。

世間有無鬼怪，暫且不論，但古時人們本就對神鬼畏懼，即使不是「撞鬼」，只是一些現在我們看來非常正常的自然現象，在當時的他們看來，那也是要嚇死人的。比如偶爾會在陰雨天氣的夜裡出現並跟著人移動的「鬼火」[4]，於他們而言，就是異象，膽小一點的，可能當場就會被嚇出意外事故。

綜上所述，更夫的確是一個高危險職業，然而他們卻依然每日不輟地穿行在充滿危險的夜間，打更報時，履行職責，這樣的職業精神，也實在值得人們尊敬和感動。

4 夜晚時在墓地或郊野出現的濃綠色磷光。世俗迷信認為是鬼點的火，所以稱為「鬼火」。有光無焰，由磷摩擦燃燒，因品質較輕，所以當人走動時磷會跟著移動。

劊子手——唯一合法的殺人者

◎殺人有償的劊子手

不管在古代還是現代，「殺人償命」都是十分合乎情理的。不過有一種人，他們手下沾染了很多人的鮮血，卻從來不會受到法律制裁，這種人就是劊子手。

劊子手具體的出現年代如今已不可考，但基本可以確定，上古時期[5]就已經有了為氏族部落的罪人行刑的專職人員出現，而這些專職人員，就是劊子手的前身。

在中國古代，劊子手的位階等同三班衙役[6]，是最基層的「吏」，不僅地位很低，每年的俸祿也僅僅只有六兩銀子，換算成現在的錢幣，也就六千塊新臺幣左右，即使嫌犯家屬為免嫌犯死時受苦，會在刑前給予他們一些賄賂，且他們也被傳言偶爾會做出些如魯迅在《藥》中描寫的「人血饅頭」那樣的勾當，也無法完全改變他們困窘的生活，反倒是讓他們的形象變得愈發糟糕，更被周圍的人視作「屠夫」。

© Wikipedia Common

▲清朝正在處決犯人的劊子手

與中國劊子手比起來，西方劊子手的地位則更加「慘不忍睹」。在西方，劊子手不僅被歸為「賤民」一類，地位與私生子等同，還被要求必須穿著不同的服裝與其他人區別開來，走路時還需搖鈴提醒「潔淨」的路人，小心別碰到他們「骯髒」的身體。更誇張的是，他們被禁止與其他行業的人通婚，只能在自己的圈子裡聯姻，且世代都要從事劊子手的職業，一直要到沒有男丁為止。

然而，同樣是地位低下，與中國劊子手微薄的收入比起來，西方劊子手的薪資卻要可觀得多。據說在美國，劊子手每處死一個犯人，便會

5 指文字記載出現以前的歷史時代。在中國上古時代一般指夏以前的時代，在兩河流域和埃及一般指西元前五千年以前的歷史時代。

6 泛指各級衙門裡的各類勤雜人員。

得到二十五美元的補貼。而這些還不是他們的全部收入，他們除了行刑外，還會被指派去做繁雜的行政性勤務，這些行政性勤務都有償，並且報償不菲。

也正因如此，每當西方的劊子手一職有空缺時，應募者總是如潮水般湧來，有時甚至達到了百裡挑一的地步。據說，一九五一年，名叫德佛爾諾的劊子手死後，美國司法部同時收到一百五十名志願者的申請，要競爭這一職位。

社會發展到現在，除了一些原始部落，拿刀斧砍頭的劊子手基本已經絕跡。如今大部分死刑都是採用槍決或注射的方式執行，行刑者也不再被叫做「劊子手」，而是有了新的稱呼——「法警」。

▲ 西方劊子手正在執行海盜斬首任務

與古代劊子手比起來，現在的法警在地位上有了很大的提升，不僅正式進階為國家公職人員，而且福利和待遇也更為豐厚。據網路上一名原上海法警的妻子所展示的丈夫的工資清單上看，法警每月的薪酬在三萬七千臺幣左右，再加上各種補貼，年薪竟有近七十五萬臺幣之多。

◎行刑是種技術

無論是古代的劊子手還是現代的法警，處決犯人，都是一項技術。

幾乎每一個老劊子手在傳授技巧的時候都會對徒弟講，要將刀刃對準人脊椎骨的縫隙，順著縫隙一刀砍下，才能夠手起刀落，一氣呵成。

然而理論總是簡單，真正實踐起來卻不是那麼容易。有時劊子手為了能夠一刀結束犯人的生命，不得不請一名衙役幫忙，用一隻手揪住犯人的頭髮，把犯人的頭向前方拽，以此來伸長犯人的脖子，使脊柱骨的縫隙盡可能的擴張，從而讓自己的刀得以更準確地對準脊椎骨的縫隙，提高一刀斬的機率。

當然，也有不用這個方法便能完成一刀斬的高手。在十八世紀的歐洲，就曾有一名劊子手，他在行刑時一刀就將犯人的頭顱和軀幹分家，乾淨俐落，絲毫不拖泥帶水，靈巧如注神力。行刑完畢後，觀刑人群讚喝聲四起，這名劊子手將頭顱一把拎起，向四方人們展示，活像個滑稽演員。

不過，一刀解決犯人，並不算是劊子手技術的極致，三千刀甚至更多刀凌遲犯人，才是真正考驗劊子手的能耐。

在中國古代，一些犯了極重罪行的人，一刀砍掉其腦袋已經不足以懲罰他的罪過，於是，當權者想出一種極刑來，就是凌遲。

凌遲的難度在於要讓犯人承受最大的痛苦，不割到最後一刀，絕不能讓犯人死去。而具體要割的刀數，判決書上會有明

© Wikipedia Common

▲ 傳教士正被中國士兵施以凌遲酷刑

確規定，如果沒有割足刀數就讓犯人死去，劊子手便要受到懲罰。

要想做一個不受懲罰的劊子手並不簡單，必須通過兩項技術難關才行。第一關便是不能讓犯人提早死去。眾所周知，人體中布滿了大大小小縱橫交錯的血管，一旦不小心割到了要害血管，犯人勢必會血流不止，影響劊子手下刀不說，犯人也會很快因為鮮血流盡而死。

如何規避這一情況？在還不知人體解剖學為何物的當時，劊子手們用自己獨特的方法完美解決了這一難題。

在實施凌遲前，劊子手會朝著犯人的心窩大力拍上一掌，以此來讓犯人的心臟緊縮，從而減慢犯人的血液循環速度，並使血液集中到腹部和小腿裡。這樣一來，在切割時，犯人便不會流太多的血，也不必擔心犯人會流血過多而提早死去。

第二個難關，則是割足判決書上的刀數。不要以為割足刀數很簡單，事實上，人的肌肉只有六百三十九塊，一般劊子手，兩千刀過後，基本上就無肉可割了，而凌遲一般需要割到三千刀以上，如何讓剩下的一千刀也有肉可割，比如何不讓犯人提早死去更考驗劊子手技藝。

明朝大將袁崇煥被凌遲處死時，行刑的劊子手在解決刀數這個問題的方法上就相當的絕。他們把他裝在懸空的漁網裡，讓他身上的肉從漁網的孔洞裡漏出來，然後再一刀一刀地開始凌遲。據說，袁崇煥被劊子手用這樣的方法活生生割了三千七百多刀才嚥氣。

然而，對袁崇煥實施凌遲的還不算是絕頂高手，真正的絕頂高手，是對大太監劉瑾實施凌遲的劊子手。據徐進的《古代刑罰與刑具》中記載，劉瑾被割了四千七百刀才死去，可見行刑的劊子手技藝之精湛。

© Wikipedia Common

▲明朝大將袁崇煥

比起古代的劊子手，現代的法警在處決犯人時，要人性化很多，通常一槍斃命，不會讓犯人承受過多的痛苦。但要精確擊中目標，卻並不簡單，相當於射擊時一次便要擊中紅色靶心的難度。且犯人被執行死刑時，法警必須面對且直視著犯人的眼睛，然後精準的一槍處決，考驗的不僅僅是法警的槍法，還有心理強度。所以，每一個法警在執行死刑之前，都會被派去跟著老法警收拾犯人的屍體，以此培養強大的心理。

◎劊子手的職業病

擔任劊子手，從砍下第一顆頭顱開始，便算是踏上了一條永遠無法回頭的路。即使殺的是有罪之人、該殺之人，但畢竟是一條活生生的生命，在崇尚輪迴與神鬼的中國古代，這種殺死一個人後源自心底的恐懼與心悸可想而知。

不僅是中國的劊子手，歷史上，歐洲的劊子手受此心靈折磨的也不在少數。他們中的大多數人因為不堪忍受「怨靈糾纏」，最後都以自殺收場。少數人即使活著，也都鬱鬱寡歡，離群索居，有的甚至還改名換姓，想要以此求得一個和正常人一樣的生活。

雖然相比古時的劊子手只能自己承受心理煎熬，如今的法警可以接受專業且個人的心理輔導，以此紓解心情與恐懼，但也無法徹底消除親手殺死一個人在心裡烙下的陰影。一名法警就曾這樣描述過槍決犯人的場景：「以前我們使用五・六半自動，子彈大，穿透力強，衝擊力也大，子彈頭如果是平的，開槍時可以把整個頭掀起來，腦漿什麼的四處濺，衣服帽子上都是，有時候還有小片的碎骨頭。」如此恐怖的經歷，無論經過再強大的心理治療，也是一輩子都無法忘記的吧。

也正因如此，在臺灣，很多年輕法警都不願意去為犯人執行槍決，一般都是工作了一、二十年的老法警來承擔這個任務，以至於一名老法警如果要離職，都會驚動檢方高層出面挽留，生怕沒有人來槍決犯人。

所幸隨著法制的發展，死刑正漸漸變得人性化起來，很多國家開始對罪犯實行注射死刑，也有許多國家乾脆取消死刑，取而代之的是長達幾百年的牢獄生涯。由此看來，劊子手以及時刻折磨劊子手的噩夢，在不久的將來，或許會徹底消失，不再回來。

國家圖書館出版品預行編目資料 CIP

驚異！世界史：神祕職業 / 李妍作 . – 初版 .
– 新北市：繪虹企業 , 2015.4
面； 公分 . – (Mystery ; 18)
ISBN 978-986-5834-02-9 (平裝)

1. 世界史 2. 職業 3. 通俗作品

711 104000792

Mystery 18

驚異！世界史 神祕職業

作者／李妍
主編／賴芯葳
編輯／劉素芬
封面設計／黃聖文
編輯企劃／月之海
發行人／張英利
出版者／繪虹企業股份有限公司
電話／ (02)2218-0701 傳真／ (02)2218-0704
E-mail ／ rphsale@gmail.com
Facebook ／ www.facebook.com/rainbowproductionhouse
地址／台灣新北市 231 新店區寶元路一段 91-1 號 1F

台灣地區總經銷／高見文化行銷股份有限公司
電話／ (02)2668-9005
傳真／ (02)2668-9790
地址／新北市樹林區佳園路二段 70-1 號

港澳地區總經銷／豐達出版發行有限公司
電話／ (852)2172-6513 傳真／ (852)2172-4355
E-mail ／ cary@subseasy.com.hk
地址／香港柴灣永泰道 70 號柴灣工業城第二期 1805 室

ISBN ／ 978-986-5834-02-9
初版一刷／ 2015.04
定價／新台幣 280 元